Kerstin Werner

So ist das also!

Die Herzenssprache verstehen

50 lebendige Dialoge, die zum
Perspektivwechsel einladen

www.kerstin-werner.de

Bibliografische Information der Deutschen Nationalbibliothek:
Die Deutsche Nationalbibliothek verzeichnet diese Publikation in der Deutschen Nationalbibliografie; detaillierte Daten sind im Internet über http://dnb.dnb.de abrufbar.

www.kerstin-werner.de

Lektorat: Elsa Rieger
www.elsarieger.at

Illustrationen: Ulrike Hirsch
www.ulrike-hirsch.de

ISBN-13: 978-1503016552
ISBN-10: 1503016552

Inhaltsverzeichnis

Vorwort der Autorin

Die Herzenssprache verstehen wir, wenn wir den Zugang zu uns selbst haben. Doch wie bekommen wir ihn?

Ich habe in meinem Leben eine Erfahrung machen dürfen: Durch unser Umfeld erhalten wir die Möglichkeit, in uns hineinzuhören, denn es gibt stets einen Grund, wenn ein Geschöpf dieser Welt unseren Lebensweg kreuzt. Alle Lebewesen, denen wir begegnen, sind einerseits Spiegel für uns, andererseits unsere Engel auf Erden. Die Herausforderung ist es, sie als solche zu erkennen, da sie auf unterschiedlichen Wegen erscheinen.

Sie kommen oftmals als wohlwollende Menschen in unser Leben. Jeder von uns hat schon Gespräche mit Freunden, in der Familie, bei Therapeuten oder auf der Arbeit geführt, in denen Sätze fielen, bei denen wir dachten: „So ist das also!"

Sätze, die anschließend einen positiven Einfluss auf unser Leben hatten. Wir verstanden Zusammenhänge, weil wir plötzlich anders draufschauen konnten. Eine neue Sichtweise offenbarte uns den Weg zum inneren JA. Als wenn Herz und Kopf in dem Moment verschmolzen wären. Es waren genau die Worte, die wir in unserer Entwicklung brauchten, um den nächsten Schritt gehen zu können.

Dann gibt es Engel, die als Zeichen im Leben auftauchen. Wenn uns Situationen begegnen, in denen wir denken: Das ist doch jetzt nicht normal. Ist das Zufall oder soll mir das etwas sagen? Auch Krankheiten sind Wegweiser, die uns etwas mitteilen wollen. Tiere können ebenso Botschafter sein. Alle möglichen Zeichen begegnen uns im Laufe der Zeit. Oft können wir sie annehmen, manchmal hinterfragen wir sie aber auch zweifelnd, weil sie uns dubios erscheinen, oder wir ihren Sinn nicht erkennen können. Doch es geschieht nichts ohne Grund.

Die dritte Art von Engel wollen wir oft nicht sehen, sie ist aber wichtig in unserem Leben. Es sind die Personen, die uns ärgern, zur Weißglut bringen und uns dermaßen triggern, dass wir sie auf den Mond schießen könnten. Auf den ersten Blick also genau das Gegenteil von einem Engel. Wenn wir jedoch die Pakete auspacken, die uns von diesen Menschen gereicht werden, erkennen wir die Geschenke darin. Wir haben durch sie die Möglichkeit, unsere eigenen Schattenseiten in die Heilung zu nehmen. Denn alles, was wir am anderen ablehnen, tragen wir selbst in uns. Um dies zu erkennen, brauchen wir jedoch Mut, Ehrlichkeit uns selbst gegenüber und die Bereitschaft zu verzeihen. Denn nur so können wir uns auf das Leben und unseren Seelenplan einlassen.

Ich selbst hatte diese Bereitschaft lange Zeit nicht, weil es erst mal leichter war, im Außen Schuldige zu finden und diese Menschen zu verdammen. Zum einen fand ich viele, die dann mit mir gelästert haben, zum anderen war der Weg manchmal bequemer. Mit der Masse zu schwimmen ist ja auch leichter. Aber aus heutiger Sicht weiß ich: Vielleicht ist das Leben so bequemer – ja. Aber ich bin damit nicht glücklicher. Denn wer lebt schon gerne in Ablehnung, Wut oder Hass? Genau deshalb habe ich meine Pakete Schritt für Schritt ausgepackt und bin noch immer dabei.

Mir sind in meinem Leben reichlich Engel auf unterschiedlichste Art und Weise begegnet. Ich durfte viel erfahren und hatte die Möglichkeit, den Weg zu meinem Herzen mehr und mehr freizuschaufeln.

In diesem Buch findest du Gespräche, die mich in den letzten Monaten auf meinem Weg begleitet haben. Viele sind mitten aus dem Leben, manche frei erfunden und einige habe ich auch mit mir selbst geführt. Selbst die Dialoge, die durch Menschen im Umfeld entstanden sind, haben etwas mit mir zu tun, denn wir sind alle miteinander verbunden, auch wenn jeder von uns ein Individuum ist. Manchmal darf ich in Gesprächen Impulsgeberin sein oder aber ich bin diejenige, die Antworten auf Fragen findet. Das Leben ist facettenreich. Wir sind Schüler und Lehrer zugleich.

Durch verschiedene Personen mit Schicksalsschlägen habe ich dieses Jahr Entscheidendes verinnerlicht, wovon du auch in dem Buch lesen wirst: Wenn ich die Situationen, wie ich sie in meinem Leben vorfinde, nicht als Drama empfinde, sondern annehme, wie sie sind, kann ich ein wesentlich leichteres Leben führen.

Viele Menschen werden jetzt ein „Ja, aber“ auf den Lippen haben. Das kann ich verstehen. Denn es gibt Situationen, denen kann man keinen Sinn entlocken. Wenn Menschen unvorhergesehen sterben, uns Krankheiten begegnen, die uns fast das Leben kosten oder sonstige Situationen auftauchen, in den wir uns fragen: „Warum?“, ist es schwer, daraus eine Erkenntnis zu ziehen.

Hadern wir mit unserem Schicksal, werden wir länger unglücklich sein, als wenn wir die Situationen annehmen, wie sie sind. Damit meine ich nicht, dass wir uns alles schönreden sollen. Unsere Gefühle wie Trauer, Wut oder Ärger dürfen auch sein.

Der Sinn des Lebens ist leben. Und zwar alles, was da ist. Sich dem zu stellen, was das Leben für einen hervorbringt. Sich einlassen auf den Fluss des Lebens. Nicht dagegen, sondern dafür. Auch wenn alles andere manchmal leichter erscheint.

Beim Lesen wünsche ich dir nun eine wunderbare innere Einkehr, Aha-Effekte, schmunzelnde Momente und neue Sichtweisen, die deinen Horizont erweitern.

Herzensgrüße
Kerstin

Der verbogene Löffel

„Sag mal, wieso bist du denn so krumm?"

„Ach, ich war nie gut genug und hab mich ständig verbiegen lassen. Dem einen war ich nicht lang genug, dem anderen zu glatt, und ich wurde sogar schon benutzt, um eine Tür aufzubrechen!"

„Aber wieso hast du das mit dir machen lassen?"

„Na, ich hatte doch keine Wahl. In der Schublade hätte ich mit den anderen Löffeln nur rumgelegen. Und wer weiß, ob mich da jemals jemand gesehen hätte."

„Du hattest also Angst, dass du nicht wahrgenommen wirst, und hast dich lieber zu allem Möglichen verbiegen lassen, um gesehen zu werden?"

„Hmm, ja irgendwie schon."

„Also ich hab in der Schublade geruht und darauf vertraut, dass ich als Löffel verwendet werde. Und so war es auch. Ich bin durch jede Menge Eis gegangen, eins leckerer als das andere und hab schon viele Joghurtbecher leer geputzt."

„Du strahlst auch so!"

„Ja, ich bin eben durch und durch Löffel. Ein Messer kann ich eh nie werden, da ich als Löffel geboren wurde. Ich mache das, was ich gut kann. Von Natur aus."

„Das würd ich auch gerne.“

„Dann komm doch mit, ich geh jetzt wieder in die Schublade, um zu ruhen.“

„Ja, aber …“

Was bleibt, wenn Abhängigkeit stirbt?

„Du hast gut reden! Wenn ich als Mutter das Gefühl habe, dass mein Sohn sein Leben allein nicht meistert, obwohl er alt genug dazu ist, kann ich ihn doch nicht einfach alleine lassen. In dieser Situation war ich selbst schon. Als Kind wurde ich von meinen Eltern ganz oft bei meinen Großeltern untergebracht und fühlte mich immer abgeschoben. Deshalb würde ich es mir nie verzeihen, wenn mein Sohn sich allein zurückgelassen fühlt. Ich bin so verzweifelt und weiß nicht, was ich tun soll."

„Dein Sohn sorgt für sich selbst, wenn du ihn lässt, ihm vertraust und an ihn glaubst. Dafür musst du aber auch dir selbst begegnen. Denn es sind deine Ängste, die dich blockieren und dein Kind festhalten.

Ich erinnere mich an eine junge Frau, die ich in einer Klinik kennenlernte. Sie erzählte mir, dass sie mit ihren Eltern nach einem sehr emotionalen und klärenden Gespräch, in dem es auch um Loslassen, Festhalten und Abhängigkeit ging, etwas Besonderes getan hat. Sie bat ihre Eltern, sich gemeinsam mit ihr in einen Gummitwist zu stellen. Die Eltern in das eine Ende, die Tochter in das andere. Dann gab sie den beiden eine Schere in die Hand und sagte, sie sollen das Gummiband nun durchschneiden. Die Enden flutschten daraufhin durch die Gegend. Die Eltern fragten irritiert, was das jetzt für einen Sinn haben solle. Daraufhin bedankte sich die Tochter bei ihnen mit den Worten ‚Danke, jetzt bin ich frei!', drehte sich um und ging symbolisch zwei Schritte in die andere Richtung, um sich und den Eltern klarzumachen, dass sie einander nun loslassen dürfen."

„Das hört sich interessant an. Weißt du, was danach passiert ist?“

„Ja. Der Vater sagte daraufhin salopp: ‚Na, wenn das so einfach ist!‘, schrieb seiner Tochter aber am gleichen Abend unter Tränen eine lange eMail. Außerdem erzählte sie, dass die Mutter drei Wochen später den Mut hatte, mit feuchten Augen zu fragen: ‚Dass wir damals diesen Gummitwist durchgeschnitten haben, bedeutet aber nicht, dass wir uns weiter voneinander entfernen, oder?‘

Die Tochter umarmte daraufhin ihre Mutter und sagte: ‚Mama, wir haben das Band der Liebe nicht durchtrennt. Und das weißt du auch tief in deinem Herzen!‘

Der Mutter kamen vor Rührung und Erleichterung die Tränen.

Daran siehst du, wie unsicher sich beide Seiten fühlen. Keiner ist sich der Liebe sicher, weil oft so viel Abhängigkeit darüber liegt. Liebe klammert nicht. Sie lässt frei und verbindet die Herzen miteinander, sodass beide Seiten wissen: Der andere ist da, selbst wenn viele Kilometer dazwischen liegen. Liebe überbrückt Zeit und Raum. Sogar bis ins Regenbogenland.“

Ich liebe mich nicht

„Das Leben anzunehmen beziehungsweise mich selbst zu lieben, fällt mir unheimlich schwer. Trotz zahlreicher Therapien gelingt es mir immer noch nicht.“

„Was wäre, wenn du dich gar nicht selbst lieben müsstest? Wenn es völlig okay wäre, dass du dich nicht liebst?“

„Bisher wurde mir immer vermittelt, wenn man sich nicht selbst liebt, kann man auch keine Liebe geben. Und ich habe tatsächlich schon viele Freundschaften verloren. Dadurch, dass ich so unzufrieden bin, einfach nicht fröhlich und glücklich sein kann und ständig an mir zweifle.“

„Ich frage gerne noch mal. Was wäre, wenn du dich gar nicht selbst lieben müsstest? Wenn es völlig okay wäre, dass du dich nicht liebst? Was passiert dann in dir, wenn du annimmst, wie es gerade ist?“

„Hmmm. Von dieser Seite habe ich es noch nie betrachtet. Darüber muss ich erst einmal nachdenken. Ich würde mich gerne lieben, aber … Na, wie gesagt: Ich denke darüber nach!“

„Deine Antwort interessiert mich!“

„Du hörst von mir.“

Eine Stunde später.

„Du hast mich mit deiner Frage eben sehr nachdenklich gemacht und sie geht mir nicht mehr aus dem Kopf!

So viele Monate habe ich mich bemüht und Therapien besucht. Ich habe immer auf Biegen und Brechen versucht, mich zu lieben. Es gab nur diese eine Möglichkeit in meinen Augen. Und da kommst du und stellst mir diese eigentlich einfache Frage! Ich denke, dass ich mich in diese Richtung begeben werde – es so zu akzeptieren. Denn es befreit mich von dem Druck, den ich immer spüre. Ich danke dir von Herzen für diesen Denkanstoß!"

„Das Paradoxe daran ist: In dem Moment, wo du akzeptierst, was ist, beginnst du dich selbst zu lieben. Und genau damit veränderst du alles! Weil du dich nicht mehr verurteilst, sondern dir selbst mit Mitgefühl begegnest. Du bist gut so, wie du bist!"

In dem Moment rollten die Tränen.

~~~ DANKE ~~~

An dieser Stelle möchte ich mich für deine Offenheit bedanken, liebe Melanie Fuchs, und dass ich unsere Unterhaltung mit anderen Menschen auf diesem Weg teilen darf.
~~~

Psychisch krank

„Hast du schon gehört? Erwin ist krank. Seine Psyche ist labil. Er musste jetzt deswegen in eine Klinik. Schlimm oder?“

„Was ist in deinen Augen daran schlimm?“

„Na, er kriegt sein Leben allein nicht auf die Reihe. Aber jetzt wird ihm hoffentlich geholfen.“

„Jetzt mal im Ernst: Du schimpfst seit Jahren über deinen Chef, bist unglücklich im Job, änderst aber nichts. Du nörgelst schon seit ewigen Zeiten, dass dein Mann trinkt und du nicht weißt, wie du an ihn rankommen könntest, um das Thema anzusprechen. Dann bist du chronisch unglücklich, hast immer zu wenig Geld und jammerst nur noch. Du urteilst über Menschen, weil sie angeblich ihr Leben nicht auf die Reihe bekommen. Glaubst du etwa, du seist gesund?

Wenn überhaupt ein ‚krank‘ existiert, dann sind es in meinen Augen die Menschen, die im Leid verharren, sich ihrer Opferrolle hingeben und nichts ändern. Die Unterteilung in krank und gesund finde ich schwachsinnig. Wenn jeder sich an die eigene Nase packen würde, befänden sich wahrscheinlich viele dort, wo Erwin jetzt ist. Sie würden sich Hilfe holen. Das tun sie aber nicht. Aus Angst, als Schwächlinge dazustehen. Dabei sind es die Starken, die ihre Schwächen zulassen. Wie viele Menschen leiden, aber ändern nichts? Wieso ist es in der Gesellschaft immer noch verpönt, sich weiterzuentwickeln?

Jede psychosomatische Klinik, jeder Therapeut und jeder Coach dient genau dazu. Und ich finde es sehr anmaßend, jemanden als krank abzustempeln, der in meinen Augen schlicht und ergreifend einfach nur den Mut besitzt, sich seinen verdrängten Gefühlen zu stellen, die oft schmerzhaft sind. Davor haben nämlich viele Angst.

Ach, und falls es dich interessiert: In deinen Augen bin ich wahrscheinlich auch psychisch krank. Obwohl ich mit meinem Leben zufrieden bin, gehe ich regelmäßig zu einem Coach, um noch mehr Bewusstheit zu erlangen."

„Ach wirklich? Das hätte ich nicht gedacht."

„Ja, wirklich!"

Vom Arsch zum Engel

„Boah, also eigentlich kann ich ja inzwischen gut mit Negativ-Rezensionen umgehen, aber jetzt hat mich erneut jemand echt auf die Palme gebracht."

„Was ist passiert?"

„Ach, da schrieb so ein Heini, es sei eine typische Frauendenkweise, sich in Frage zu stellen und anzupassen!"

„Mach dir nichts draus – ich glaube, davon sind auch Männer betroffen. Auch wenn sie es sich nicht immer eingestehen wollen."

„Darum geht's gar nicht. Inzwischen weiß ich ja: Was mich trifft, betrifft mich auch. Ich frage mich recht schnell, was ich damit zu tun habe. Denn der andere kann ja nichts für meine Gefühle. Er löst sie nur aus. Also stellte ich mir die Frage: Wieso konnte er mich treffen? Was spiegelt mir persönlich diese Aussage? Und ich wusste schnell die Antwort: Weil ich mich seit ein paar Tagen in Frage stelle. Seitdem ich entschieden habe, als Künstler zu leben, kommen immer mal wieder diese Zweifel-Stimmen auf: ‚Bist du dir sicher, dass das gut geht?' oder ‚Hast du dir das auch gut überlegt?'.

Obwohl ich weiß, dass diese Gedanken nicht berechtigt sind, kommen sie. Und ich versuche sie dann vorbeiziehen zu lassen. Klar, dass solche Aussagen wie in der Rezension dann direkt in die Wunde gelangen, wenn ich auf einem wackeligen Pfad unterwegs bin. Wusch - drin war also der Pfeil."

„Und was hast du dann getan?"

„Zunächst hab ich wahrgenommen, dass die Aussage etwas mit mir macht. Und ich habe mir klar gemacht: Es sind meine Gefühle – also ist es auch mein Anliegen und nicht seins. Aber bei allem Wissen und aller Bewusstheit, die da ist, gibt es Gefühle, die gefühlt werden wollen. Denen habe ich dann Raum gegeben. Und zwar während meines Schwimmbadbesuches, wo zum Glück niemand sah, dass ein paar Tropfen mehr im Wasser waren. Die roten Augen hätten auch vom Chlor kommen können. Ich bin geschwommen wie ein Weltmeister und habe die ganze Zeit gesagt: ‚Alle Gefühle dürfen jetzt sein!' Und plopp: Da waren sie auch.

Da ich aber auch um mein Muster weiß, mich ewig lang darin herumzusuhlen, setzte ich meine Entscheidungsfreude und Willenskraft ein und habe beim Abduschen entschieden: Nun ist genug geheult. Leidensmodus AUS!"

„Wow, das hört sich richtig gut an. Das heißt, du warst dann auch gar nicht mehr böse über den, der die Rezension geschrieben hat?"

„Nein. Ich habe mich ausgeweint, freigeschwommen und dann konnte ich tatsächlich dankbar sein dafür, dass ich wieder etwas lösen konnte. Durch diesen ‚Arsch', der zum Engel wurde."

Kontrolle oder Vertrauen?

„Ich sehe in einer Meditation einfach keine Bilder, dabei will ich es wirklich!"

„Das ist genau der Punkt: Du willst es unbedingt."

„Das verstehe ich nicht. Wie meinst du das? Was ist daran falsch?"

„Höre auf, zu wollen. Du wehrst dich gegen das, was ist und damit gehst du in eine Blockade. Diese Blockade sorgt dafür, dass nichts so klappt, wie es in deiner Vorstellung funktionieren soll. Was wäre, wenn es völlig okay ist, dass du in einer Meditation keine Bilder siehst?"

„Aber dann ist es ja nicht richtig!"

„Was ist denn für dich richtig?"

„Wenn alles klappt."

„Du kannst eine Meditation nicht kontrollieren. Genauso wenig wie das Leben. Lass dich auf das ein, was ist. Kontrolle ist das Gegenteil von Vertrauen. Wer kontrollieren will, kann nicht vertrauen.

Wenn ich bei meinen Lesungen oder Vorträgen alles kontrollieren wollte, dann dürften keine Tränen fließen, die Herzen würden sich nicht öffnen und es würde berührungslos von einem Punkt zum nächsten gehen. Aber ich vertraue darauf, dass sich alles findet. Ich gebe jedem die Erlaubnis, sich mit seinen Gefühlen zu zeigen. Es darf alles sein. Sowohl bei mir selbst als auch bei anderen. Und das schafft Raum. Nicht nur bei mir, sondern auch bei den Teilnehmern. Sie fühlen sich gut aufgehoben, weil sie sein dürfen, wie sie sind. Und nicht, weil sie sein müssen, wie sie irgendjemand gerne hätte.

Ich denke, so ist es im Leben oft. Wenn wir die Kontrolle aufgeben, öffnen wir uns für die innere Führung. Wir können uns leichter auf das Leben einlassen, weil wir wissen: So, wie es jetzt ist, ist es okay. Wir nehmen die Situationen und Herausforderungen an und stellen uns dem, was im Augenblick da ist."

„Es ist zwar ein neuer Gedanke, aber da es bisher nicht funktioniert hat, werde ich mal versuchen, mich darauf einzulassen. Aber ich muss schon sagen: Ein wenig Angst hab ich dennoch. Obwohl ich erahne, dass es ein leichteres Leben bedeutet."

„Weißt du: Selbst wenn du das Schlaraffenland neu betrittst, musst du dich erst einmal zurechtfinden. Pack die Angst in deine Tasche und nimm sie mit. Spätestens, wenn dir die Erdbeeren in den Mund wachsen, wird es ihr langweilig und sie geht."

Die eigenen Träume leben

„Was soll ich nur tun? Meine Eltern möchten unbedingt, dass ich ihr Geschäft übernehme, aber mein Herz schlägt schon lange für die Kunst und ich möchte viel lieber dort Fuß fassen. Damit können sie aber gar nichts anfangen."

„Manchmal ist der Weg, den Menschen in unserem nahen Umfeld für uns vorgesehen haben, ein anderer als der, der zu unserem Herzen passt. Doch irgendwann, wenn wir unsere Seele nicht verkümmern lassen wollen, kommen wir an den Punkt, an dem wir eine Entscheidung treffen müssen. Für uns. Nicht gegen die anderen. Auch wenn es manchmal so verstanden wird.

Es ist oft anstrengend, sich selbst treu zu bleiben. Aber es gibt keinen anderen Weg. Wenn wir wirklich unsere Träume leben wollen, müssen wir diese Entscheidung für uns treffen. Und erst dann, wenn wir sie mit aller Kraft unseres Herzens getroffen haben, in Handlung gehen, die hochkommenden Gefühle durchleben, uns selbst aushalten und uns mit offenen ehrlichen Augen im Spiegel betrachten können, werden wir die Chance auf ein erfülltes Leben haben.

Wir werden unsere Würde nur zurückbekommen, wenn wir mit aller Macht zu uns stehen. Das kann bedeuten, dass wir bereit sein müssen, Menschen in unserem nahen Umfeld ‚sterben zu lassen'. Denn erst, wenn wir bereit sind, Menschen hinter uns zu lassen, können wir uns selbst wiederfinden. Erst dann werden wir zu dem Individuum und sehen die leuchtende Einzigartigkeit in uns, mit der wir geboren wurden.

Erst, wenn wir die Abhängigkeiten, in denen viele von uns noch immer leben, mit der Tiefe unserer Seele auflösen, werden wir uns neu entdecken. Die Masken bröckeln und es kommen nackte Gesichter zum Vorschein. In der Echtheit werden Herzen zueinander finden, die sich sonst gegenseitig gefangen fühlten. Die Liebe wird sich völlig neu offenbaren, und erst dann merken wir, was Freiheit wirklich bedeutet."

Hallo Ego!

„Heute hab ich auch wieder einmal Bekanntschaft mit meinem Ego gemacht."

„Erzähl!"

„Mir schrieb jemand in einer Nachricht Folgendes: ‚Ich hab das Gefühl, du bist grad auf dem Weg zu dir selbst und schlüpfst aus deinem Kokon, um die Flügel als Schmetterling auszubreiten.'

Im ersten Moment wehrte sich mein Ego und sagte: ‚Paah, ich bin doch schon lang angekommen. Was willst du mir schon erzählen!', weil ich diesen Worten ein ‚Du kleines Würmchen krebst immer noch als Kokon herum!' entnommen hatte.

Interessant, was in Sekunden passieren kann, oder? Wäre ich nicht achtsam gewesen, hätte ich womöglich direkt Pfeil und Bogen rausgeholt, obwohl die andere Person nicht mal geschossen hatte. Ich muss schon selbst über mich lachen."

„Und was hast du stattdessen getan?"

„Also hab ich erst mal geatmet. Und dann stellte ich fest: Genau, so ist es. Ist man nicht irgendwie ständig auf diesem Weg? Ich schlüpfe schon zum gefühlten vierunddreißigsten Mal aus meinem Kokon. Und egal, wie oft ich noch zum Schmetterling werde: So eine Neugeburt ist stets aufregend. Wir sterben immer wieder und werden neu geboren. Und ich bin bereit dazu. Oder glaubst du, dass irgendwann der Zeitpunkt erreicht ist, dass man nichts mehr lernen braucht und fertig ist?"

„Nee, das glaub ich auch nicht! Zumindest hab ich noch niemanden getroffen, bei dem ich das Gefühl hatte, dass es so ist."

„Das zeigt mir wieder mal eins: Leben bedeutet, sich in aller Unvollkommenheit annehmen zu können. Erst, wenn ich mich nicht mehr wehre gegen das, was ist, kann ich mich wirklich darauf einlassen."

Wenn das Leben anstrengend ist

„Darf ich mal bei dir jammern? Kennst du das, wenn du so gar keine Energie mehr hast? Wenn die Überwindung zu groß und das Loch zu tief ist? Meist klettere ich wieder raus. Aber manchmal fehlt die Kraft. Wie überlistest du dich da?"

„Ich stelle dir mal ein paar Fragen: Was bist du für ein Typ? Wie oft lässt du einfach mal alle Viere grade sein? Darf es bei dir auch mal unordentlich sein? Welchen Stellenwert hat Perfektionismus bei dir? Wie denkst du über Menschen, die viel jammern?"

„Also meist bin ich sehr diszipliniert, muss Ordnung haben, sonst denk ich von mir, ich sei nachlässig, schlampig und unordentlich. Alles, was ich mache, muss perfekt sein, sonst ist es nicht gut genug. Meist darf ich nicht sagen, dass ich kraftlos, traurig oder mutlos bin", sagte sie mit feuchten Augen.

„Komm in meine Arme. Ich finde dich wunderbar, auch mit Tränen!"

„Danke, die Umarmung tat jetzt gut. Weißt du, ich habe mich mein Leben lang angestrengt. Und was ist dabei herausgekommen? Ich bin krank geworden und lebe jetzt von einer kleinen Rente. Ich habe zwar einen lieben Partner, aber selbst da habe ich das Gefühl, zu leisten. Er ist selbstständig und ich tue alles, um ihn zu unterstützen. Er war mal verheiratet und ich strenge mich auch wirklich an, mit seinen Kindern in Kontakt zu kommen, aber wir verstehen uns nicht. Sie können mich nicht als Frau an seiner

Seite akzeptieren. Egal wo ich bin, ich habe ständig das Gefühl, etwas für Liebe tun zu müssen."

„Sie sind dein Spiegel. Solange du dich selbst nicht akzeptieren kannst, werden dir Menschen im Außen begegnen, die es auch nicht tun. Was würde passieren, wenn du nicht mehr versuchst zu leisten, sondern bist, wie du bist, ohne dich anzustrengen?"

„Womöglich käme ich hilfebedürftig rüber, wenn ich mich so zeigen würde, wie ich gerade bin. Aber ich darf mir doch nicht helfen lassen. Mein Vater war früher auch immer sehr streng mit mir. Ich musste mich zusammenreißen. Jammern war tabu. Und das ist noch heute so. Wieso kann ich nicht einfach sein, wie ich bin? Menno! Ich traue mich nicht!"

„Weißt du, was ich gerade wahrnehme? Mir gegenüber hast du dich gerade nicht verstellt. Du bist du. Einfach echt."

„Ja, aber so kann ich nicht immer sein."

„Noch nicht. Es gibt noch Stufen zwischen schwarz und weiß. Hab etwas Geduld mit dir. Ich wollte dir damit nur zeigen, dass du es kannst. Und dass du dich auch schon traust."

„Es wird ja auch schon besser. Ich durchbreche immer öfter meinen Panzer."

„In unserem Gespräch hast du sehr oft erwähnt, dass es für dich anstrengend ist. Das Wort selbst sagt es im

Grunde genommen schon. Es wird dann anSTRENGend, wenn wir mit uns selbst zu streng sind. Es gibt also nur einen Weg, um da herauszukommen: Akzeptiere deine Schwächen."

„Das fällt mir ganz schön schwer!"

„Vergiss nie: Du hörst dich auch immer selbst sprechen. Und damit programmierst du dich. Wenn du sagst, dass es schwer ist, wird es schwer sein. Du könntest ja auch sagen: Ich bin froh, dass ich es dir gegenüber schon geschafft habe. Oder?"

„Ja, ich bin froh, dass ich es dir gegenüber schon geschafft habe!", lachte sie.

„Schön, dass du wieder lachen kannst!"

„Danke – unser Gespräch hat mir wirklich geholfen, mich wieder ein Stück weit mehr mit meinen Schwächen anzunehmen."

Das ist der reinste Luxus!

„Ich habe nun die Entscheidung getroffen, beruflich nur noch das zu machen, was ich wirklich gut kann und gerne tue! Woran ich Freude habe, und worin ich aufgehe. Meine Arbeit ist eine Kraftquelle. Das ist wirklich der reinste Luxus, den ich mir da gönne. Fast unglaublich, dass es mal soweit kommen durfte."

„Luxus? Das ist in meinen Augen die einzige Verpflichtung, die wir uns selbst gegenüber haben. Du selbst hast dir deine Situation erschaffen. Du – kein anderer. Und es ist kein Luxus oder Zufall, sondern deine Ausrichtung. Du bist deiner Herzensstimme stetig gefolgt, auch wenn du manchmal dafür etwas Mut brauchtest, weil du Entscheidungen getroffen hast, die nicht immer gern gesehen waren."

„Ja, das stimmt. Ich hatte diesen Wunsch schon sehr früh in meinem Leben, aber es hat nun fast zehn Jahre gedauert, bis ich ihn so umsetzen konnte, wie ich wollte!"

„Es ist nicht wichtig, wie lange es dauert. Viel wichtiger ist, dass du dich getraut hast, aus diesem Hamsterrad auszubrechen. Dass du Schritt für Schritt überhaupt diesen Weg gegangen bist. Du hast dir nebenher etwas aufgebaut, sodass du irgendwann aus deinem Ganztags- einen Halbtagsjob machen konntest. Inzwischen bist du komplett selbstständig. Du hast die scheinbaren Sicherheiten hinter dir gelassen, obwohl ich mich noch gut daran erinnern kann, dass dir dieser Schritt nicht leicht fiel. Du bist deiner inneren Stimme gefolgt. Viele Menschen trauen sich das nicht und bewundern dich dafür."

„Ja, ich konnte irgendwann nicht mehr anders. Ich habe gemerkt, wie sehr ich mich verleugne, wenn ich weiter dem nachgehe, was ich zwar gut kann, aber mich nicht erfüllt. Irgendwann war ich an dem Punkt, wo ich deutlich merkte: Ich treffe jetzt keine Entscheidung mehr gegen Arbeitskollegen oder einen Job, den ich nicht gerne ausübe, sondern ich spürte deutlich: Jetzt handelst du zu hundert Prozent für dich! Und das gab mir das gute Gefühl bei der Entscheidung, obwohl es in der Tat nicht leicht war, das Alte hinter mir zu lassen."

„Wie geht's dir heute?"

„Nachdem ich die endgültige Entscheidung getroffen hatte, ging es mir erst einmal schlecht. Das kann wahrscheinlich niemand nachvollziehen, aber es war nun mal so. Ich habe keinen Job gewechselt, sondern habe Identifikationen sterben lassen. Es ist Hingabe pur, wenn du das tust, was dein Herz zum Tanzen bringt. Und der Weg dorthin war nicht immer leicht. Das Einzige, was ich sicher wusste: Diese Entscheidung triffst du für dein Seelenheil.

Trotzdem war ich unsicher und zweifelte. Weil ich nicht wusste, was kommt. Aber ich habe mich darauf eingelassen. Und nachdem die alten Türen geschlossen waren, taten sich neue auf. Ohne dass ich bewusst etwas dafür getan hatte. Mein Geist wurde klarer, Ideen flossen und es kam eins zum anderen. Ich glaube heute, dass eine höhere Macht uns beisteht, wenn wir Entscheidungen fällen, die wir einzig und allein für uns treffen. Deshalb kann ich immer nur jeden ermutigen, dem Herzensweg zu folgen.

Die Sicherheit, die dann folgte, war eine ganz andere, als jene, die ich zuvor spürte. Nicht außen, sondern innen. Es war die Seele, die sich bemerkbar machte. Sie wusste plötzlich:

Hier bin ich richtig.
Dieses Leben willst du leben.“

Wenn der Körper spricht

„Jetzt hab ich den Salat! Nun war ich viermal die Woche im Fitnessstudio, hatte schon 10 kg in drei Wochen runter und nun darf ich wegen meinen Knien die nächsten Wochen pausieren. Das ist doch ungerecht."

„Es erscheint ungerecht. Aber dein Körper hat eine Botschaft. Hast du sie schon erkannt?"

„Eine Botschaft? Ich bin zu fett und will abnehmen. Und jetzt darf ich nicht. Dabei wollte ich bis Weihnachten meine 40 kg runter haben. In dem Tempo, was ich drauf hatte, wäre das auch gut möglich gewesen."

„Du kennst mich inzwischen lange genug. Du weißt, dass ich in den letzten zwei Jahren 30 Kilo abgenommen habe. Es ging nicht schnell, aber kontinuierlich. Ich hatte ein Ziel – ja. Aber ins Training bin ich nicht mit meinem Ziel gegangen, sondern mit meinem Körper. Und wie du siehst, hat er es mir gedankt. Ich war irgendwann an einem Punkt, wo ich einfach angenommen habe, wie es war. Ich habe 110 Kilo gewogen. Fertig. Drama aus!

Meine Vergangenheit war Geschichte und ich hatte aus Unwissenheit viel falsch gemacht. Ich habe oft gegen mich selbst gehandelt und meinen Körper abgelehnt. Ich habe aber gemerkt, wenn ich ständig GEGEN ihn arbeite, dass mir das nicht gut tut. Also habe ich irgendwann entschieden: Ich arbeite nicht mehr gegen ihn, sondern mit ihm. Und da gehört Achtsamkeit dazu. Dein Körper ist kein Roboter. Du hast ihn als Leihgabe in diesem Leben geschenkt bekommen. Und wenn er sich weigert, so zu funktionieren, wie du es gerne hättest, würde ich überprüfen, ob du aus Liebe oder aus Hass handelst, denn genau darin liegt der Unterschied.

Ich habe auf diesem Weg gelernt, meinen Körper zu lieben. Mit Falten, Dellen und Narben. Er ist so, wie er ist und ich achte ihn, denn er ist ein Geschenk, um als Mensch auf dieser Erde leben zu dürfen."

Wunder für die Medizin

„Daniela, du hattest mir mal von deinem Herzklappenfehler erzählt, der einfach verschwand. Darf ich darüber mehr wissen? Was ist da genau geschehen?"

„Ich hatte einen angeborenen Herzfehler, den ich regelmäßig beim Kardiologen kontrollieren ließ, denn bei einer Verschlimmerung hätte ich operiert werden müssen. Kurz vor unserem Umzug vor zwei Jahren bin ich noch mal zu meinem Kardiologen, der mich schon ewig kennt. Ich merkte, dass er für die sonografische Untersuchung dieses Mal länger brauchte, dann schaute er erneut in die Karteikarte, dann wieder auf den Bildschirm und zum x-ten Mal auf mich und sagte irritierend: „Sie sind doch die Frau B. Ich kenne sie doch. Aber Ihren Herzfehler – ich kann ihn nicht mehr finden."

„Wie kann so etwas sein? Kannst du dir das erklären?"

„Nun, ich war schon erstaunt und sagte ihm dann: ‚Ich gehe sehr liebevoll und achtsam mit meinem Herzen um, das tut ihm gut.'

‚Klar tut das Ihrem Herzen gut, aber ein Herzfehler dieser Art verschwindet niemals einfach so', meinte er daraufhin nüchtern."

„Glaubst du, dass sich der liebevolle Umgang mit deinem Herzen auf den Herzklappenfehler wirklich so positiv ausgewirkt hat?"

„Es war sicherlich nicht nur der liebevolle Umgang mit mir. Es war sowohl mein verändertes Denken und Tun als auch mein verändertes Bewusstsein. Ich habe viele Themen geklärt, vielen Menschen und auch mir selbst vergeben, mich von vielen Altlasten befreit und ich bin ein anderer, offenerer und liebevollerer Mensch geworden. Ich habe mich mehr und bewusster um meinen Körper gekümmert und ich habe das, was ich tue, mit einer anderen Einstellung gemacht. Ich bin davon überzeugt, dass Krankheiten nur über den Geist wieder fortgehen können. Deshalb glaube ich schon, dass das der Grund war. Hundertprozentig weiß ich das nicht, denn für die geistige Kraft gibt es keine Beweise. Und meine Rückenschmerzen, die ich seit Jahren habe, kriege ich auf diese Art und Weise auch noch in den Griff."

„Wie steht schon in der Bibel geschrieben: Es geschehe nach deinem Glauben. Danke, das macht mir Mut, auch meinen Krankheiten anders begegnen zu können. Ich zweifele zwar ab und zu noch, aber ich glaube auch daran, dass mein Geist stärker ist als alles andere."

„Sei realistisch – öffne dich für Wunder. Es gibt sie!"

~~~ DANKE ~~~

Danke Daniela, dass du deine Erfahrung mit mir und nun auch mit den Lesern teilst. Solche „Geschichten" braucht die Welt.
~~~

Die Angst zu strahlen

„Ich weiß nicht wieso, aber ich habe vor meinem ersten Seminar, welches in einem Monat stattfindet, so viel Angst. Dabei ist es genau das, was ich immer machen wollte."

„Ich verstehe dich. Als ich vor drei Jahren entschied, nicht mehr zu coachen, begründete ich das mit den Worten ‚Es ist nicht mein Ding, Menschen durch einen Prozess zu führen', aber in Wirklichkeit hätte der Satz lauten müssen ‚Es ist für mich zu anstrengend, Leistung zu erbringen', denn genau das ist es, was mir innerlich immer noch Stress verursacht. Das war die Erkenntnis, die ich gestern Abend gewonnen habe.

Ich hatte zwei Stunden vor meinem ersten Vortrag Durchfall. Da ich um die Psychosomatik weiß, fragte ich mich: Angst durchzufallen? Aber wieso? Als der Vortrag losging, habe ich eins verstanden: Ich brauche nichts leisten, ich brauche einfach nur SEIN. Und das reicht auch! Dieser Gedanke ist mir nicht neu und dennoch: Gestern war er für mich anders spürbar.

Vor einer Woche hatte ich einen Traum, aus dem ich heulend erwachte, und der mir meine Angst auf einem Tablett servierte. Die Angst, nicht zu genügen.

Es geht also um meinen eigenen Wert, dessen ich mir immer noch nicht ganz bewusst bin, aber es sortiert sich gerade in mir. Ich gebe mein Wissen, meine Talente und meine Liebe in die Welt hinein. Auch, wenn ich dafür Geld erhalte, brauche ich nichts zu ‚leisten'. Mein Wert wird nicht über Leistung definiert. Ich brauche einfach nur SEIN. Das reicht.

Wir sind alle wertvoll. So, wie wir sind. Du auch!"

„Ja, eine Stimme in mir weiß das."

„Dann vertraue ihr. Es ist dein Herz, welches dich leitet. Und die Angst – nimm sie einfach mit. Spätestens im Seminar verpufft sie, weil sie sich unwichtig fühlt. Schließlich diente sie bislang nur dazu, dich vom Strahlen abzuhalten. Da du dich aber fürs Strahlen entschieden hast, obwohl es Nerven kostet und aufregend ist, wirst du merken: Von Seminar zu Seminar wirst du freier und sicherer. Nur Mut – trau dich, deinen Weg zu gehen, auch wenn die Angst dich leitet."

Wenn Spiegel sprechen könnten

„Wie kann ich unterscheiden, wer in mir spricht? Ob es der Kopf oder das Herz ist? Ich habe das Gefühl, ich höre meine Herzensstimme nicht."

„Wozu brauchst du denn dein Herz? Was soll es sprechen?"

„Ich dachte, wenn ich auf mein Herz höre, kann ich dem Leben mehr vertrauen und mit weniger Angst durch das tägliche Berufsleben gehen. Wenn mein Herz mir den Weg zeigt, würde ich ohne zu zögern gehen können. Aber wenn ich zweifle, weiß ich nicht, ob es der richtige Weg ist. Dann gucke ich ständig nach rechts und links – und suche. Verstehst du?"

„Es gibt keinen falschen Weg. Du sammelst Erfahrungen mit allen Entscheidungen, die du triffst. Dafür brauchst du Entscheidungsfreude und Willenskraft. Das Herz ist bei allem dabei, was du tust. Selbst wenn du unsicher bist und vermeintlich falsche Entscheidungen triffst, ist das Herz bei dir."

„Die Entscheidung habe ich schon getroffen. Ich gehe jetzt endlich einer Arbeit nach, die mich mit Freude erfüllt. Aber das Umfeld dort macht mich ängstlich und deshalb zweifle ich."

„Das ist in etwa so, als wenn du deinen Weg verlässt, obwohl du nur neues Schuhwerk brauchst. Ich persönlich glaube, dass die Behauptung, sein Herz nicht zu hören, manchmal auch einfach eine Ausrede dafür ist, nicht weitergehen zu wollen. Du kannst ja mal schauen, ob das auch bei dir so sein könnte."

„Interessanter Gedankengang. Kann schon Wahres dran sein."

„Was genau löst denn die Angst bei dir aus?"

„Wenn die Arbeitskollegen doof sind, bin ich total eingeschüchtert. Ich fühle mich dann hilflos und zweifle, ob das wirklich die richtige Arbeitsstelle ist. Und am liebsten würde ich dann kündigen."

„Mir kommt spontan die Frage: Wovor läufst du weg? Die Kollegen sind nur deshalb doof, weil sie Gefühle in dir auslösen, die du nicht sehen willst."

„Naja, aber mal ehrlich. Wenn du alles richtig machst, deine Arbeit wirklich gewissenhaft erledigst und trotzdem angemeckert wirst – das ist doch nicht schön!"

„Sei ihnen dankbar, sie sind dein Spiegel. Ich stelle dir zwei Fragen. Vielleicht magst du sie ehrlich für dich beantworten. Die erste Frage lautet: Gibt es Menschen, an denen du ständig meckerst?"

„Ich versuche, besonders in der letzten Zeit, die Menschen so zu lassen, wie sie sind."

„Ach wirklich? Dann wäre es ja völlig okay, dass deine Kollegen meckern", entgegnete sie schmunzelnd.

„Hm, ja das stimmt wohl. Von der Seite hab ich das noch nicht betrachtet."

„Wenn du die anderen wirklich so sein lassen könntest, würde die Meckerei mit dir nichts machen. Du hättest Mitgefühl, ein offenes Herz und würdest erkennen, dass sie nicht anders können. Da deine Seele diese Erfahrung aber noch braucht, sind dir diese meckernden Menschen begegnet. Sie lösen in dir Gefühle aus, die gefühlt werden wollen."

„Interessanter Denkansatz. Muss ich mal wirken lassen. Und wie ist die zweite Frage?"

„Wie oft meckerst du mit dir selbst?"

„Da sieht es schon anders aus. Ich gehe mit mir oft hart ins Gericht und verurteile mich für das, was ich tue. Selten bin ich wirklich zufrieden mit mir und fühle mich oft wertlos."

„Siehst du das unsichtbare Schild auf deiner Stirn? Dort steht: Mit mir darf man meckern, ich bin nichts wert und ihr dürft alle mit mir machen, was ihr wollt. Ich kenne mich bestens darin aus, denn ich behandle mich selbst auch wie der letzte Dreck. Haut ruhig auf mich drauf!"

„Oh je, mir fällt es wie Schuppen von den Augen. Jetzt, wo du es sagst. Auf meiner Stirn hängen eine Menge Zettel, wie mir scheint."

„Wenn sich dein Selbstbild verändert, verschwinden nicht sofort die ‚doofen' Menschen oder Situationen, die dir nicht gut tun, aber deine Sicht verändert sich und somit deine Haltung. Und genau damit veränderst du alles!“

„Das klingt herrlich entspannend, schön und lebenswert.“

„Das ist es auch. Es ist befreiend zu wissen, dass andere nicht für meine Gefühle verantwortlich sind, sondern sie nur auslösen. Also können wir immer dankbar sein für die Menschen, über die wir uns ärgern, denn deren Seele hat sich unserer zur Verfügung gestellt, um genau diese Erfahrung zu sammeln. In den Krisen unseres Lebens reicht die Seele uns die Hand, damit wir Frieden mit uns selbst schließen können.“

„Das habe ich soeben durch unser Gespräch begriffen. Danke dafür!“

Was ist die Wahrheit?

„Ich weiß gerade nicht, was wahr ist. Die einen sagen, dass es Sache des Egos ist, wenn ich meinen Willen einsetze und mir somit schadet. Die anderen sagen, dass Willensstärke wichtig ist, um Ziele zu erreichen. Bin total verunsichert. Was ist denn nun wirklich wahr?“

„Es ist DIE Chance schlechthin für uns, die eigene Wahrheit herauszufinden, wenn völlig unterschiedliche Aussagen existieren und wir nicht wissen, welcher wir folgen sollen.“

„Ja, das stimmt wohl. Trotzdem bin ich verunsichert. Darf ich erfahren, wie du darüber denkst?“

„Also ich glaube, dass beide Seiten aus ihrer Sicht recht haben. Das eine Wollen ist aufs Außen fixiert, das andere nach innen gerichtet. Wenn ich Statussymbolen hinterherlaufe oder Ziele erreichen möchte, die dazu dienen, besser dazustehen, nährt dies mein Ego. Wenn ich jedoch meine Willensstärke dafür einsetze, mein eigenes Herz zum Tanzen zu bringen, dient dies meinem SEIN und nicht dazu, meinen Schein zu füttern. Verstehst du, was ich meine?“

„Ja, schon. Was ich aber nicht verstehe: Wieso drücken sich beide so gegensätzlich aus, obwohl sie letzten Endes beide recht haben?“

„So ist das doch immer im Leben. Der eine sagt etwas aus seiner Perspektive und wenn wir die nicht hinterfragen, sieht es so aus, als wären die Aussagen total konträr. Dabei sind es bloß die Sichtweisen und Lebensgeschichten, die so unterschiedlich sind.

Meine Vermutung ist Folgende: Die Menschen, die sagen, dass zu viel Willensstärke dem Ego schadet, haben in ihrem Leben wahrscheinlich oft ihren Schein genährt. Nun sind sie sich dessen bewusst geworden. Für diese Personen ist es eine Herausforderung, sich nicht ständig über Status, Geld oder Ähnlichem zu identifizieren.

Die Menschen, die sagen, dass Willensstärke wichtig sei, um Ziele zu erreichen, haben in ihrem Leben womöglich oft nach anderen Nasen getanzt und die Bühne anderer poliert. Diese Personen dürfen nun lernen, nach sich zu schauen und für sich einzustehen. Für diese Menschen ist es wichtig, dass sie ihren Willen aktivieren, um sich selbst näher kommen zu können.

Deshalb kann dir auch niemandem den ultimativen Rat geben, der wirklich zu dir passt. Wir sind alle unterschiedlich, sammeln unsere Erfahrungen und müssen selbst herausfinden, was uns gut tut."

Er hat mich betrogen

„Er hat mich die ganze Zeit mit anderen Frauen betrogen. Das verzeihe ich ihm nie!"

„Kannst du es dir denn verzeihen, dass du deine weibliche Seite verleugnet hast, dein halbes Leben die resolute Geschäftsfrau warst, keine Gefühle zugelassen und immer die Starke markiert hast?"

„Wie meinst du das denn jetzt? In diesem Spiel bin nicht ICH die Böse, sondern ER!"

„Du sagst es: Es ist ein Spiel. Und genau das gilt es zu erkennen. Ein Spiel, in dem jeder seine Rolle gespielt hat. Um sich zu entfalten und sich selbst näher zu kommen. Wenn uns Menschen begegnen, die böse zu uns sind, hat es immer auch etwas mit uns zu tun. Und bei dir scheint es mir offensichtlich zu sein. Du hast über Jahre dein Geschäft aufgebaut, hast dich inzwischen in mehreren Städten niedergelassen. Du hattest immer die Hosen an, warst durch und durch organisiert, da hatten Gefühle oder Weichheit keinen Platz."

„Ja, das stimmt. Nur verstehe ich noch nicht, was das mit dem Betrug zu tun hat."

„Du hast deinen Mann gestanden, wie man so schön sagt. Deine weibliche Seite ist verkümmert. Du hast sie verleugnet und genau darin liegt der Spiegel. Immer, wenn uns jemand betrügt, können wir sicher sein, dass wir selbst auch lügen. Die Herausforderung dabei ist, zu schauen, an welcher Stelle wir das tun. Meistens geht es um uns selbst und gar nicht um andere.

Ich habe beispielsweise auch nie zu mir gestanden, war gefällig und habe alles Mögliche getan, um geliebt zu werden. Mir begegneten ebenfalls viele Freunde, die mich oft um Geld betrogen haben. Der Spiegel war also Selbstwert. Ich habe nicht erkannt, wie wertvoll ich bin, habe mich für andere verbogen und so zog ich Menschen in mein Leben, die mir genau das spiegelten.

Um das zu verstehen, habe ich aber auch lange gebraucht. Es ist mir wieder und wieder passiert und ich habe immer nur die Frage nach dem ‚Warum' gestellt. Damit kam ich aber nicht weiter. In die Heilung kam ich erst, als ich verstand, was es mit mir zu tun hat, die Botschaft darin erkannte, sie annehmen konnte, um dann auch verzeihen zu können."

„Das eröffnet in mir gerade eine völlig neue Sichtweise."

„Wenn du ihm nicht verzeihst, was löst das für ein Gefühl in dir aus?"

„Ich bin wütend."

„Genau – du bist wütend. Und diese Wut – ist das dein Gefühl oder seins?"

„Na, meins."

„Dann verstehst du vielleicht auch jetzt, worum es beim Verzeihen geht. Vergebung bedeutet, dass wir entscheiden, den Hass im Inneren nicht länger mit uns herumzutragen, weil wir verstanden haben, dass er unser eigenes Seelenheil vergiftet."

Meine Waage und ich

„Letzte Woche hat die Batterie meiner Waage den Geist aufgegeben. Und ich denke, ich werde auch keine neue mehr reintun."

„Aber gerade jetzt, wo du Gewicht reduzierst, ist das doch besonders wichtig!"

„Ist es das wirklich? Also ich habe mir die Frage gestellt, wieso ich mich eigentlich auf die Waage stelle. Wenn ich ganz alleine auf diesem Planeten wohnen würde, wäre mir die Zahl darauf völlig wurscht. Also stelle ich mich vermutlich drauf, um anderen sagen zu können, wie viel ich abgenommen habe. Aber genau DAS möchte ich nicht mehr. Ich möchte nichts mehr für andere tun. Sondern einzig und allein für mich!

Diese Zahl auf der Waage ist ja schon fast zu einem inneren Zwang geworden. Mein halbes Leben war davon abhängig. Und nun, wo das Thema Gewicht für mich immer weniger an Bedeutung hat, will ich mal schauen, wie es mir ohne Waage geht. Bis jetzt kann ich nur sagen, dass es mich innerlich befreit."

„Kann es nicht auch sein, dass du dich daraufstellst, um dich wohlzufühlen?"

„Ha! Du sagst es: Es heißt WOHLFÜHLEN. Wenn die Waage tatsächlich dafür verantwortlich wäre, müsste es WOHLGUCKEN heißen."

„Na, da hast du auch wieder recht", lacht sie.

Es tut so weh, wenn mein Kind zur Schule geht

„Ich fühle mich schrecklich! Ich habe gerade meinen Sohn das erste Mal zur Schule gebracht. Er wollte, dass ich bis zum Klingeln bleibe. Ich wollte, dass er sich zu den anderen Kindern stellt, in der Hoffnung, dass er so gleich Kontakte knüpft und nicht an mir hängt, bis es klingelt. Er ist sehr schüchtern und ängstlich gegenüber anderen Kindern. Es waren nur noch fünf Minuten und ich bin dann gegangen. Ich habe mich noch einmal umgedreht und gesehen, wie er seine Tränen weggewischt hat. Das tat so weh. Dann habe ich den Blickkontakt gesucht und ihm lächelnd zugewunken. Er lächelte gequält zurück. Ich wollte ihm eigentlich nur helfen und habe jetzt doch das Gefühl, ihn allein gelassen zu haben."

„Da unsere Kinder uns besser spiegeln als jeder andere Mensch auf der Welt, dürften es deine Tränen gewesen sein, die dein Sohn weinen musste, weil du Angst vor seinem Schritt in die weitere Eigenständigkeit hast."

„Das Loslassen ist bestimmt noch ein Thema. Ich war einmal sehr krank und wusste nicht, ob ich es schaffen würde, noch länger hier zu bleiben. Meine größte Angst dabei war, mein Kind verlassen zu müssen. Er ist so zart und feinfühlig."

„Lebst du deine eigene Zartheit und Feinfühligkeit?"

„Nein. Ich will immer stark sein!"

„Deshalb muss er sie leben und tragen(!) – für dich. Das bedeutet nicht, dass du jetzt schwach sein sollst, aber finde Wege, deine Zartheit und Feinfühligkeit zu leben."

„Dass die Ängste mehr bei mir liegen, war mir klar, aber dass mein Sohn so ist, weil ich es nicht bin, das muss ich erst noch kapieren."

„Ich finde es immer wieder berührend, zu sehen, wie Kinder Eltern triggern können, und was sich bei den Kindern verändert, sobald Vater oder Mutter ihre eigenen Themen erlöst haben."

„Nun weiß ich zumindest schon einmal theoretisch, was ich tun kann. Jetzt gilt es noch, mein Innerstes davon zu überzeugen."

„Es gibt auch praktische Wege. Und die Lösung ist selten an der Oberfläche zu finden, denn das, was wir nicht leben und deshalb andere ‚für uns' leben lassen, sind meist Themen, die bis in unsere ersten Lebensjahre zurück reichen."

„Manchmal habe ich aber auch das Gefühl, dass er mich noch viel weniger loslassen möchte, als ich ihn. Vielleicht muss ich ihm auch klarmachen, dass ich ohne ihn zurechtkomme und er keine Angst vor der großen, weiten Welt haben muss."

„Darüber reden wir dann, wenn du deinem eigenen Thema auf den Grund gegangen bist und es erlöst hast."

„Ja, eins nach dem anderen. Wir haben ja Zeit."

„Die Themen sind geduldig und warten so lange, bis wir uns entscheiden, uns um sie zu kümmern. Mir ging es nur darum, dass Kinder die Eltern spiegeln. Es macht also wenig Sinn, einen anderen Spiegel aufzuhängen."

~~~ DANKE ~~~

Das ist der erste Dialog in meinem Buch, zu dem ich selbst nichts beigetragen habe. Ich habe das Gespräch zwischen Sonja und Antje mitbekommen und fand es so essenziell, dass ich beide gebeten habe, es auf diesem Weg mehr Menschen zur Verfügung zu stellen. Vielen Dank für eure Genehmigung.

Antje Diewerge ist nicht nur ein wunderbarer Mensch, sondern begleitet auch suchende Menschen auf dem Weg in die Antwort. Ihre Internetseite findest du hier:

www.antjediewerge.de
~~~

Über den Sinn des Lebens

„Boah, ich könnt grad durchdrehen. Eben habe ich meine Kinder frisch angezogen und jetzt kommen sie völlig verdreckt nach Hause, weil der Herr Nachbar seinen Gartenschlauch aufgedreht hat. So ne Hitze ist nun heute wirklich nicht. Da soll mal einer sagen, es hätte alles einen Sinn im Leben!“

„Ach du – es muss nicht alles einen Sinn machen. Manchmal reicht es auch schon, wenn es Freude macht ...“

Zwei Veganer unterhalten sich

„Ich muss dich jetzt mal was fragen. Ich habe ja viele Menschen in meinem Umfeld, die nichts vom veganen Leben halten. Sie reden immer von leben und leben lassen, aber kaufen Produkte vom toten Tier. Das ist doch Heuchelei, aus der kein Friede zwischen Mensch und Tier entstehen kann. Inzwischen reagieren sie schon gar nicht mehr auf das, was ich sage. Wann wird die Menschheit endlich wach? Mich macht das wütend.“

„Ich würde dir gerne eine Geschichte erzählen: Es geht um einen alten Meister, der sich entschieden hatte, nicht mehr zu kämpfen. Trotz seiner Entscheidung wurde er von einem jungen Krieger herausgefordert. Der Meister saß nur da und reagierte nicht. Daraufhin versuchte der Krieger, ihn zu provozieren. Er beleidigte ihn und seine Vorfahren aufs Heftigste. Geduldig ertrug der Meister die Beschimpfungen; schließlich entfernte sich der Krieger frustriert.

Die Schüler des Meisters konnten nicht verstehen, dass er sich nicht gewehrt hatte; sie schämten sich seiner sogar. Daraufhin fragte der Meister: ‚Wenn euch jemand ein Geschenk geben will, und ihr nehmt es nicht an – wem gehört es dann?‘

Die Schüler antworteten: ‚Natürlich immer noch demjenigen, der es verschenken wollte.‘

Der Meister fuhr fort: ‚So ist es auch mit Neid, Ärger, Angst, Sorgen, Wut und Hass. Wenn wir das alles nicht annehmen, bleiben diese Gefühle bei dem anderen.‘“

„Hm, die Geschichte stimmt mich nachdenklich. Du glaubst also, sie ignorieren mich gar nicht, sondern möchten nur in ihrer Selbstzufriedenheit leben? Aber sie können doch nicht zufrieden mit sich und der Welt sein, wenn sie tote Tiere essen. Das ist unfriedlich!“

„Du hast mir eingangs erzählt, dass es dich wütend macht, wenn andere Menschen weiterhin Fleisch essen und deine Argumente ignorieren.“

„Ja, genau!“

„Dann stelle ich dir nun eine Frage: Wo glaubst du, entsteht Frieden?“

„Ich denke, jeder ist für seinen eigenen Frieden verantwortlich.“

„Und wenn du Wut empfindest, wie sieht es dann in dir aus? Friedlich?“

„Nein, natürlich nicht!“

„Merkst du also, was geschieht? Du bist erst dann im inneren Frieden, wenn alle anderen sich so verhalten, wie du es gerne hättest. Ist dir bewusst, dass du mit diesen Erwartungen selbst keinen inneren Frieden finden kannst, weil du selbst ein Krieger bist? Du machst deinen inneren Frieden vom Außen abhängig.“

„Hmmm. Das ist ein neuer Gedanke, den ich mal sacken lassen muss.“

„Tu das. Ich kann dir nur sagen: Seitdem ich das verinnerlicht habe und danach handle, ist es in mir und um mich herum wesentlich friedlicher geworden.

Toleranz und Akzeptanz sind in meinen Augen die Zauberwörter. Solange ich andere verurteile, lehne ich selbst noch etwas in mir ab. Erst, wenn ich mich komplett angenommen habe, wie ich bin, mit allen Schattenanteilen, kann ich auch andere so sein lassen, wie sie sind. Es geht nur so. Auch wenn unser Ego gerne zig JA ABER auf Vorrat hat …“

Kann ich fühlen lernen?

„Ich bin total von meinen Gefühlen abgeschnitten. Ich krieg es einfach nicht hin zu fühlen! Wenn in Meditationen gesagt wird, ich soll hierhin oder dorthin spüren, geht das nicht. Da passiert einfach nichts. Bin echt zu blöd dazu."

„Fühlen hat nichts mit WOLLEN zu tun, sondern mit EINLASSEN. Ich glaube, der erste Schritt ist, es so anzunehmen. Denn wenn du nicht fühlen kannst, fühlst du ja auch irgendwas. Vielleicht bist du wütend, weil du nicht fühlen kannst?

Ich kann mich bei Meditationen auch besser einlassen, wenn leise Meditationsmusik dazu läuft. Musik schaltet meinen Verstand aus. Dann fließt es leichter. Halte nicht an etwas fest, was für dich nicht funktioniert. Mach einfach was anderes.

Gestern in einem Telefonat erzählte mir noch jemand, dass sie einfach nicht meditieren kann. Irgendwann sagte sie, dass sie gerne ausreitet und die Natur genießt. Ich musste schmunzeln und sagte: Dann meditierst du ja auch."

„Ja, du hast recht. Wenn ich es nicht hinbekomme, dann ärgere ich mich, bin wütend und gleichzeitig auch neidisch auf andere, die es können."

„Na, dann hast du ja nun den Beweis: Du kannst fühlen! Du brauchst es nicht lernen. Und mehr wolltest du doch nicht wissen, oder?"

„Ja, aber anders halt", lacht sie.

Bedingungslose Liebe

„Weißt du, was bedingungslose Liebe ist? Ich höre immer so viel davon, aber gibt es sie wirklich? Was denkst du?"

„Ich erzähle dir etwas aus meinem Leben. Oma und ich, wir sind genau 50 Jahre auseinander. Es gab eine Situation, die uns sehr nahe zusammen führte. Ein Moment, der die Liebe zwischen uns mehr denn je ans Tageslicht brachte: Wir saßen im Wohnzimmer auf der Couch, sie hatte ihr Testament von Hand geschrieben, die Blätter lagen vor ihr. Es ging ihr zu dem Zeitpunkt gut. Sie war zwar mit ihren etwas über 80 Jahren ein wenig gebrechlich, aber geistig fit. Ihre Handschrift war jedoch so verwackelt, dass man sie nicht mehr ohne Anstrengung lesen konnte. Deshalb bat sie mich, ihr Testament abzutippen.

Sie las mir die Worte vor, hörte aber immer wieder auf, weil sie weinen musste. Ihr ganzes Leben lang war sie stark gewesen. Sie hatte so viel gekämpft, hatte ein eigenes Kind, ihre Geschwister, ihren Mann und auch ihre Enkelin, die sie mit aufzog, früh gehen lassen müssen. Und nun las sie mir vor, was sie ihren Kindern, den übrig gebliebenen Enkelkindern und sogar Urenkeln gewidmet hatte. Es war ihr ‚letzter Wille' und doch war es so viel mehr. Es waren Worte, die von Herzen kamen.

Wir machten an diesem Tag gemeinsam eine Reise in die Zukunft. Wir stellten uns beide vor, wie es ist, wenn sie nicht mehr da ist. Und genau deshalb zeigte sich etwas, was ich noch nie zuvor zwischen uns so stark spüren konnte: Bedingungslose Liebe.

Wir haben an diesem Nachmittag viel zusammen geweint, einander gehalten und uns gegenseitig Trost geschenkt. Auf eine besondere Art und Weise. Die Vorstellung vom Tod hat uns etwas Wunderbares offenbart: Bedingungslose Liebe.

Für diese Erfahrung bin ich sehr dankbar. Ich glaube, das ist auch der Grund, wieso ich Oma so schnell gehen lassen konnte. Weil ich diese reine Liebe schon spürte, bevor sie ging. Zuvor war der Tod für mich immer dunkel. Das war bei Oma anders. Sie war für mich ganz schnell hell.

Deshalb stelle ich mir manchmal vor, wie es ist, wenn jemand stirbt. Besonders die Menschen, die mir nahe stehen. Vor allem dann, wenn mal Unfrieden herrscht. Um ihnen mit dem Herzen wieder näher kommen zu können.

Jemanden gedanklich gehen zu lassen, gibt mir die Möglichkeit zu spüren, was wirklich da ist. Dann wird so vieles unwichtig. Dann zählt nur das, was übrig bleibt, wenn unsere Körper nicht mehr existieren. Die Seelen kommen dann zusammen. In diesen Momenten spüre ich auch die Dinge, die noch dazwischen stehen, die mit Liebe nichts zu tun haben. Die Abhängigkeiten. Das, was eigentlich weh tut. Denn Liebe tut nicht weh.

Liebe macht frei.
Liebe lässt gehen.
Liebe heilt."

Hilfe, ich hänge im Loch

„Ich weiß auch nicht, was mit mir los ist. Bin total zurückgefallen und hänge voll in einem Loch!"

„Was ist eigentlich zurückfallen? Das gibt es für mich gar nicht. Ich geh meinen Weg und stelle mich den Herausforderungen. Fertig. Alles andere ist mehr Drama, als sein muss, und Schläge, die ich mir nicht geben muss. Oder glaubst du, es wird besser, wenn du dich verurteilst, obwohl es dir eh schon schlecht geht?"

„Nee, mir geht's dann noch schlechter!"

„Das ist doch die totale Selbstverachtung. Merkst du das? Nur weil du als Kind viel kritisiert wurdest, gibt dir das nicht das Recht, jetzt als Erwachsener auch die ganze Zeit vernichtend auf dich draufzuhauen. Du hast ein Recht auf Liebe. Weißt du das?"

„Anscheinend weiß ich es nicht!"

„Wie alt fühlst du dich gerade?"

„Wie ein Kind, das nichts auf die Reihe bekommt!"

„Kannst du es spüren? Das kleine bedürftige Kind in dir, welches sich nach Liebe sehnt?"

„Ja, in den letzten Wochen sehr oft!"

„Wann öffnest du dein Herz für das Kind in dir? Wie lange willst du es noch am langen Arm verhungern lassen?“

„Wenn ich wüsste wie, würde ich es sofort tun!“

„Was würdest du einem kleinen Kind sagen, wenn es sich nach Liebe sehnt, weil es oft abgelehnt wurde?“

„Ich würde ihm sagen, dass es bei mir sicher ist, dass es sich in meine Arme begeben darf. Dass es gut so ist, wie es ist. Dass ich es beschütze.“

„Wenn du dein inneres Kind mit deinem Vornamen ansprichst – dann kann es dich hören! Nimm Kontakt zu ihm auf. Es wartet darauf, erhört zu werden. Die Verletzungen, die du noch in dir trägst, möchten erlöst werden.“

„Und ich würde es in die Arme nehmen. Ganz dolle“, fügte sie mit Tränen in den Augen hinzu.

„Du darfst auch ruhig die Arme um dich selbst legen. Lass dich darauf ein. Begegne dir selbst in Liebe und du wirst spüren, wie es sich in dir wandelt. Es ist okay, wenn Tränen fließen. Alles darf sein.“

Angst vor Entscheidungen

„Ich habe Angst, eine Entscheidung zu treffen!“

„Ja, viele von uns haben Angst davor, Entscheidungen zu treffen. Angst, den nächsten Schritt zu gehen. Angst davor, andere zu enttäuschen. Angst vor diesem, Angst vor jenem.

Angst entsteht durch Gedanken, die dir vormachen, dass etwas Schlimmes auf dich zukommt. Diese unwahren Gedanken, die einem kreierten Film gleichen, erzeugen ein Gefühl des Leids. Wir kreieren uns also etwas, was uns nicht gut tut und halten trotzdem daran fest. Ist das nicht paradox?

Wir wollen ein Leben in Leichtigkeit führen und tragen freiwillig einen Rucksack voller Steine auf dem Rücken. Was für ein Irrsinn ist das?

Letzten Endes ist es nicht die Angst zu versagen, sondern die Angst vor dem eigenen Strahlen. Wir kennen uns in der Kleinheit besser aus als in unserer wahren Größe. Wie wäre es, wenn wir aus vollem Herzen sagen könnten: ‚Ich bin glücklich, ich kenne meine Begabungen und Talente und zeige mich so, wie ich bin!‘ Kennst du das Gefühl, voll hinter dir zu stehen? Weißt du, wie es ist, wenn du fest verwurzelt in der Erde stehst und dir niemand mehr etwas anhaben kann? Weil du eine innere Stärke hast, die den Stürmen des Lebens standhält?

Schau dir deine Angst an. Ist sie vielleicht einfach nur eine faule Ausrede? Hält sie dich davon ab zu leben? Bremst sie dich einfach nur aus?

Der Angst zu begegnen, und durch sie hindurchzugehen, ist die einzige Möglichkeit, sie zu überwinden. Du wirst sehen: Wenn die Angst geht, kommt das Vertrauen, und die Liebe findet automatisch ihren Platz. Aber du musst wollen. Du musst wirklich auf die Sonnenseite des Lebens wechseln wollen. Wenn dein Wille stärker ist als deine Angst, wirst du Kräfte mobilisieren, die du bislang nicht kanntest.

Du bist jedoch der Einzige, der dies entscheidet. Und du bist auch der Einzige, der in deinem Leben einen Schritt nach dem anderen gehen kann. Du hast dein Leben in der Hand. So oder so!

Bist du bereit dazu?“

Ich kann meinen Partner nicht verlassen

„Ich kann Alexander nicht verlassen. Er hat mir mal gesagt, dass er sich was antut, wenn ich nicht mehr für ihn da bin. Was soll ich nur tun? Mich macht das völlig fertig, weil ich merke, ich sollte gehen. Ich liebe ihn einfach nicht mehr."

„Weißt du, es gibt Situationen im Leben, da hast du das Gefühl, dass du andere in den Abgrund stürzt, wenn du gehst. Doch es ist der einzige Weg in die Freiheit. Für beide. Inwieweit bist du bereit, für dich selbst einzustehen, auch auf die Gefahr hin, dass sich der andere verletzt fühlt? Werde dir bewusst darüber, dass nicht nur er dein Spiegel ist, sondern du auch seiner. Du kannst jemand anderen nicht enttäuschen. Du kannst höchstens Gefühle im anderen auslösen, die er verdrängt hat."

„Aber ich fühle mich für ihn verantwortlich!"

„Genau das ist die Abhängigkeit, die zwischen euch existiert. Wenn du sie nicht auflöst, kannst du nicht frei werden. Und er auch nicht. Du nimmst euch beiden diese Chance. Byron Katie sagte mal auf einem Vortrag: ‚Es gibt drei Angelegenheiten. Deine, meine und Gottes Angelegenheit!' Und nun frage ich dich: Wenn er verletzte Gefühle hat, wessen Angelegenheit ist es dann?"

„Seine vermutlich!"

„Genau. Seine Gefühle. Seine Verantwortung. Du kannst nur auf dich schauen. Dass es dir gut geht mit deiner Entscheidung. Und du kannst versuchen, auf ihn einzugehen. Aber übernimm nicht die Verantwortung für seine Angelegenheiten, indem du dich nicht traust, eine Entscheidung zu treffen, aus Angst er könnte abstürzen. Damit handelst du gegen dich selbst."

„Ja, das stimmt wohl. Er tut mir halt dann so leid."

„Weißt du, was das Schöne an zwei getrennten Körpern ist?"

„Nein, was?"

„Wenn er leidet, musst du den Schmerz nicht fühlen."

Vom Zugeben

„Mir fällt es schwer, etwas zuzugeben."

„Was genau fällt dir daran schwer?"

„Na, ich hab dann das Gefühl, dass ich Schwäche zeige."

„Und was wäre schlimm daran?"

„Ich glaube, dass ich mich dann angreifbar mache."

„Du hältst hier einen Schein aufrecht, von dem du glaubst, dass er dich schützt. Diese Illusion führt letztlich aber nur ins Leid. Weil du eine Seite verdrängst, die aber gesehen werden möchte. Besonders von dir.

Hast du das Wort ‚zugeben' mal näher betrachtet? Wenn du etwas zugibst, hast du etwas zu geben. Du bist dann ein Geschenk!"

„Inwiefern?"

„Ich konnte in meinem Leben eine Erfahrung machen: Am meisten innere Stärke hatte ich, wenn ich mich so zeigen konnte, wie ich war. Mit allem. Und das Verrückte daran ist: Dir begegnen dann viel seltener Menschen, die dich angreifen wollen. Stattdessen wirst du bewundert für etwas, was normal sein sollte. Das heißt, du bist dann ein Geschenk. Für dich selbst, aber auch für andere. Und wenn dich doch mal Menschen angreifen wollen, macht dir das einfach nichts mehr aus. Weil du dich in dir beschützt fühlst. Sich zeigen können, wie man ist, ohne einen Schein wahren zu wollen, zeugt von innerer Stärke. Es ist also genau anders herum, als du gerade denkst."

Dem Ruf des Herzens folgen

„Ich würde beruflich so gerne das tun, was mein Herz erfüllt, aber ich weiß nicht einmal, was es ist."

„Was tust du denn gerne?
Wobei empfindest du Freude?"

„Na, damit kann ich aber kein Geld verdienen!"

„Genau das ist das Problem. Du willst es nicht tun, um Freude zu empfinden, sondern du bist mit deinen Gedanken dabei, Geld verdienen zu wollen. Darum geht es aber nicht. Wenn du gerne Kirschkerne spuckst, dann kauf dir Tonnen von Kirschen. Wenn du gerne im Waschpulver spielst, dann stell dir ne riesige Kiste mit Waschpulver hin. Verstehst du, was ich meine?"

„So richtig noch nicht. Weil ja nicht mal im Geringsten die Aussicht besteht, mit Kirschkernen oder Waschpulver Geld verdienen zu können."

„Solange Geld deine Motivation ist, wirst du dein Herz nicht zum Tanzen bringen. Die Dinge, die du tust, weil sie dir Freude machen, machst du auch noch, wenn du kein Geld dafür bekommst. Du lässt dich dann ein. Du erlaubst dir zu LEBEN. Und darum geht es. Um den Genuss im JETZT.

Wenn du mehr Freude empfindest, wirst du automatisch deine inneren Tore zum Glück öffnen. Und es werden sich vielleicht Sachen auftun, von denen du bislang gar nicht wusstest, dass sie in dir stecken. Glaub mir einfach, so war es bei mir auch.

Sorge nur dafür, dass du mehr von dem tust, was dein Herz zum Hüpfen bringt. Egal, was es ist. Denk nicht weiter. Mach es einfach und genieße den Augenblick!“

Die Unvollkommenheit akzeptieren

„Das Leben ist manchmal echt verrückt. Ich habe schon viel an mir gearbeitet, bis ich feststellte, dass ich gar nicht an mir arbeiten muss, um glücklich zu sein. Ich habe schon viel verändert, bis ich feststellte, dass ich gar nichts verändern muss, um glücklich zu sein. Ich habe schon viel für andere Menschen getan, bis ich feststellte, dass ich gar nichts tun muss, um glücklich zu sein."

„Ja, es ist paradox, dass wir arbeiten, tun und machen, um glücklich zu sein und hinterher zu der Erkenntnis gelangen, dass es nicht darum geht, sich zu verändern. Es geht darum, zu dem zu stehen, was oder wer wir sind. Wir brauchen nichts tun. Und dann sind wir genau der Mensch, der wir immer sein wollten. Wir selbst.

Genau in diesem Moment, wo wir das verinnerlichen, lassen wir unser Licht leuchten, das wir lange Zeit selbst zudeckten. Wir trauen uns, das zu zeigen, was wir so oft verdrängten. Die Dinge, die wir weghaben wollten, lösen wir in dem Moment auf, in dem wir sie annehmen. Selbstliebe heißt: Sich selbst annehmen und zu sich zu stehen, mögen die Einzelheiten sein, wie sie wollen. So, wie wir sind, jetzt in diesem Moment, sind wir vollkommen."

Wenn du mal nicht weiter weißt

„Ich weiß nicht mehr weiter. Ich fühle mich, als wäre ich unfähig, allein meine Schritte zu gehen!"

„Wenn du mal nicht in der Balance bist, so ist das nicht schlimm. Es ist auch nicht schlimm, nicht weiter zu wissen oder seinen Weg nicht zu kennen. Es ist auch keine Schwäche, andere Menschen um Hilfe zu bitten, weil du dich unfähig fühlst, allein Entscheidungen zu treffen. Das alles wird erst in dem Moment schlimm, in dem wir verurteilen, dass es so ist.

Wir sind so, wie wir sind. Wenn ein Päckchen ausgepackt werden will, will es eben ausgepackt werden. Wenn gerade mal nicht die Sonne scheint, dann scheint eben die Sonne nicht.

‚Es ist, wie es ist', sagt die Liebe auch an dunklen Tagen mit der Gewissheit im Herzen, dass die Sonne noch da ist, auch wenn sie durch Wolken verdeckt ist."

Was mir zu einem glücklichen Leben verhilft

„Welche Lehrer hattest du in deinem Leben? Wer hat dich am meisten voran gebracht?"

„Lass mal überlegen. Ich würde sagen, es waren die Menschen, die mich ärgerten, wütend machten, mich auf die Palme bringen konnten, die mich unterdrückten, mich klein hielten und mit denen ich in Abhängigkeiten verstrickt war. Denn diese Personen spiegelten, was in mir unerlöst war. Durch sie durfte ich am meisten lernen. Sie haben es mir ermöglicht, immer näher zu mir zu finden. Unbewusstes konnte so ins Bewusstsein gelangen. Es war zwar zunächst schmerzhaft und zugeben mochte ich das auch nicht immer sofort, aber heute weiß ich, dass es so ist. Es waren also keine Lehrer in dem Sinne, wie du glaubst, sondern mein direktes Umfeld, mit dem ich ständig in Resonanz bin."

„Das ist ja interessant. Ich dachte, du würdest mir nun eine Anschrift geben von einem Coach, mir ein Buch empfehlen oder so was in der Art."

„Ja, das könnte ich auch. Aber die besten Lehrer waren wirklich meine ‚Arschengel'. Und das sind die, die direkt vor unserer Nase sitzen. Um wirklich etwas in uns bewegen zu können, brauchen wir nicht in die Ferne schweifen. Wir brauchen in meinen Augen nur den Mut, uns zu öffnen und die Ehrlichkeit, vor allem uns selbst gegenüber.

Natürlich ist es oft einfacher, Coaches und Therapeuten zu nutzen, weil eine Führung diese Herzöffnung meist erleichtert. Denn schmerzhafte Gefühle lassen sich leichter fühlen, wenn jemand dabei ist, dem wir vertrauen. Aber unterm Strich zählt wirklich eins:

Wenn ich meinen vermeintlich negativen Gefühlen Gehör schenke, mich auf sie einlasse und keine Schuldigen dafür im Außen suche, werde ich mir selbst schnell nahe sein."

Eine Frau „geht" ihren Weg!

„Silke, wenn man ein Foto von dir sieht, dann passt etwas für viele Menschen nicht zusammen. Keine Beine, aber ein strahlendes Lächeln. Magst du den Lesern sagen, was dir passiert ist?"

„Im Alter von acht Jahren rutschte ich beim Überqueren von Bahnschienen aus, fiel hin und schlug mir das Knie auf. Mein Körper lag auf den Bahngleisen und ich hörte meine Schwester rufen: ‚Silke, pass auf, der Zug!'

Ab diesem Moment habe ich keine bewusste Erinnerung mehr. Als ich aus dem künstlichen Koma erwachte, waren beide Beine zur Erhaltung meines Lebens amputiert worden. Es war eine einschneidende Erfahrung, doch das Ereignis an sich hat für mich persönlich wenig Bedeutung."

„Du verlierst deine Beine und sagst: ‚Das Ereignis an sich hat wenig Bedeutung.' Da werde ich hellhörig. Mich würde interessieren, wie du das so befreit sagen kannst.

War das schon immer so? Andere hadern täglich mit ihrem Schicksal."

„Ja, das war schon von Beginn an so. Ich habe mich stets vollständig und ganz gefühlt. Und das, was ich jetzt sage, mag vielleicht für den einen oder anderen Leser etwas seltsam anmuten: In mir war ein tiefes Wissen, dass es genauso, wie es ist, auch sein soll. Es war, als wenn mein Leben erst jetzt wirklich beginnen konnte. Die folgenden Jahre bin ich im Schleudergang durch vielfältige Erfahrungen gegangen, bei denen ich mich schon manches Mal gefragt habe, wozu das nun alles gut sein soll. Heute macht es für mich Sinn.

Wenn wir mit unserem Schicksal hadern (sofern es so etwas wie Schicksal überhaupt gibt), ist dies in der Regel ein Zeichen dafür, dass wir noch gegen eine bestehende Situation kämpfen. In meinem Fall wäre das ein doch wenig erfolgversprechender Kampf. Ich glaube an Wunder, ich erlebe sie tagtäglich, doch zu glauben, dass meine Beine wieder nachwachsen würden wie zum Beispiel Haare oder Fingernägel, fiele mir schwer. Dazu ist mein Geist noch zu begrenzt. Ich bin jedoch grundsätzlich überzeugt davon, dass es auch bei uns Menschen möglich wäre. Amphibien, wie Frösche und Salamander, leben es uns vor. Des Öfteren bin ich gefragt worden, wieso ich keine Prothesen nutze. Meistens antworte ich mit der Gegenfrage ‚Wieso sollte ich?'. Als Antwort darauf bekomme ich dann oft: ‚Dann fällst du nicht so auf und siehst wieder wie die anderen aus.'".

„Ich schließe daraus, dass du dich selten oder gar nicht mit anderen vergleichst? Was würdest du denen sagen wollen, die das ständig tun?"

„Ich bin ein Mensch und ich vergleiche. Die Frage ist: Mit wem oder was vergleiche ich mich und mein Leben? Erfährst du durch dein Vergleichen ein Gefühl der Fülle, der Dankbarkeit, des Reichtums, der Wunder oder auch der Inspiration in deinem Leben – KEEP GOING! Erntest du jedoch durch den Vergleich Gefühle des Mangels, der Mutlosigkeit und Beschwernis – STOP IT RIGHT NOW! Viele Menschen wären nicht arm, würden sie das Vergleichen aufgeben oder sich andere Beispiele als Vergleich suchen."

„Wenn du auf dein bisheriges Leben schaust, welche Erkenntnis hatte am meisten Einfluss auf dein Leben?"

„Spontan: Dass Trennung eine Illusion ist."

„Wie hat sich diese Erkenntnis ausgewirkt?"

„Sie schenkte und schenkt mir Frieden, Freiheit und das Gefühl, Einfluss nehmen zu können:

- Frieden in Bezug auf die vielen kleinen Trennungen, die ich während meines Lebens erfahren habe, und der großen Trennung, dem Tod. Die große Trennung kann in jedem Moment in unser Leben treten. Dies wurde mir bewusster und schenkte mir den Zauber des Augenblicks und die Möglichkeit, in einer Art zu leben, die wahrhaftiger, authentischer und wesentlicher ist.

- Die Freiheit, Menschen, die ich liebe, ihren Weg gehen zu lassen, auch wenn das bedeutet, dass sich unsere Wege scheiden.

- Einfluss nehmen zu können auf globale Ereignisse. Oft erwarten wir Frieden auf der Welt, doch sind kaum in der Lage, unseren eigenen inneren Krieg in Frieden zu verwandeln. Selbst mit Menschen, von denen wir sagen, dass wir sie lieben, fällt es uns schwer, in Frieden zu leben. Und vielleicht klingt das jetzt abgedroschen, doch für mich entsteht Frieden zu allererst in mir selbst und um mich herum. Bin ich in Frieden, ändern sich meine Gedanken, Gefühle, Worte und meine Handlungen. Wenn ich in Frieden bin, handle ich in Frieden. Friedvoll zu sein bedeutet nicht, alles hinzunehmen. Das wird oft missverstanden. Aus meiner Sicht ist die Annahme der Trennung der ursprüngliche Auslöser für tiefsten Schmerz, Gewalt, Krieg, Hass.“

„Gibt es bei dir auch Minuten, Stunden oder Tage, wo es dir nicht so gut geht? Wenn ja – was tust du dann?“

„Ich beschreibe diese Zeiten anders als mit den Worten ‚Mir geht es nicht gut‘. Ich drücke aus, was ich spüre und beurteile diese Emotionen weder als gut noch als schlecht. In dem Moment, in dem sie sich zeigen, haben sie einen Grund, da zu sein. Das bedeutet nicht, dass ich mit meiner Beurteilung einer Situation oder eines Menschen recht habe. Das zu glauben, wäre aus meiner Sicht vermessen.

Was ich dann tue? Zuerst einmal meine Emotionen annehmen und spüren. Ich lasse sie da sein und fühle. Wenn sie sehr stark sind oder über einen längeren Zeitraum bleiben, gehe ich mit ihnen in einen inneren Dialog. Oft reicht jedoch das vollständige Erfühlen dessen, was ist, und sie wandeln sich wieder. Gefühle kommen und gehen. Ich kann sie durch meine Gedanken festhalten und verstärken, oder ich lasse sie ziehen, indem ich sie fühle und meine Gedanken raushalte.

Auch habe ich mir angewöhnt, die Dinge beim Namen zu nennen. Wenn ich spüre, dass eine Situation oder ein Verhalten in mir beispielsweise Wut auslöst, dann sage ich das meinem Gegenüber mit einfachen klaren Worten. Ich spüre meine Emotionen, doch ich bin sie nicht.

Ich liebe die Vielfalt an Emotionen und bin grundsätzlich dankbar, dass ich all das spüren kann. Oft denke ich, wenn jeder Mensch sich die Erlaubnis geben würde, seine Emotionen vollständig zu fühlen (nicht aus ihnen heraus sofort zu handeln!), wären weit weniger Therapeuten notwendig. Meine Gefühle und mich achte ich so sehr, dass ich sie nicht der Laune anderer aussetze, und ich achte meine Mitmenschen so sehr, dass ich nicht von ihnen erwarte, dass sie meine emotionalen Bedürfnisse erfüllen. Ich kann sie einladen, mehr jedoch nicht. Dadurch schenke ich ihnen die Freiheit, sie selbst zu sein. Das war meine größte Lektion in Sachen Befriedigung emotionaler Bedürfnisse."

„Zum Abschluss dieses Interviews möchte ich mich bei dir für deine Zeit bedanken und dass du deine Erfahrungen mit uns geteilt hast. Magst du den Lesern am Ende noch etwas Persönliches sagen, was dir wichtig ist?"

„Genieße deine Lebenszeit.
Lache herzhaft.
Sei eins mit dir.
Erlaube es dir einfach, glücklich zu sein.
Das ist das größte Geschenk,
das du der Welt machen kannst.

Liebe Kerstin, es war mir eine Ehre. Ich danke dir sehr für unsere reiche, humorvolle und intensive Begegnung."

~~~ DANKE ~~~

Mit Silke führte ich ein Interview, welches ich auch in meinem Blog veröffentlichte, weil sie mich inspirierte. Ich danke dir für deine Offenheit, und dass ich es nun auch auf diesem Wege in die Welt schicken darf. Deine Worte bereichern!

Silkes Homepage findest du hier:
www.silkenaunbates.com
~~~

Eifersucht – was tun?

„Mich macht das noch völlig fertig. Meine Eifersucht ist schrecklich. Ich kann nichts dagegen tun. Ich fange an, meinen Freund kontrollieren zu wollen, obwohl ich genau weiß, dass das nicht nötig wäre. Er ist schon so genervt von mir, dass unsere Beziehung bröckelt. Weißt du nicht, was ich machen könnte, um meine Eifersucht abzustellen? Ich fühle mich so hilflos."

„Ich habe eine Vermutung, was dahinterliegen könnte. Hilflose Gefühle sind ein ziemlich deutliches Zeichen für Themen, die in der Vergangenheit ihren Ursprung haben. Kannst du dich daran erinnern, dass du als Kind mal verlassen worden bist? Oder Angst davor hattest, verlassen zu werden? Kennst du dieses Gefühl, welches du spürst, wenn du eifersüchtig bist?"

„Ja, das kenne ich. Meine Eltern haben früher viel gestritten. Und ich hatte ständig Angst, dass sie sich trennen könnten. Das ist dasselbe Gefühl."

„Genau dieses Gefühl möchte jetzt bejahend gefühlt werden. Du hast eben gefragt, wie du deine Eifersucht abstellen kannst. Jetzt hast du die Chance. Es ist ein Gefühl, welches angenommen werden möchte. Bei Heilung geht es immer um Integration jener Gefühle, die wir lieber weghaben möchten."

„Und wie kann ich das erreichen?"

„Bist du jetzt bereit dazu?"

„Ja, bin ich."

„Dann schließe deine Augen. Begib dich gedanklich in die Situation von früher. Kannst du es fühlen? Wie war es, wenn deine Eltern gestritten haben?"

„Ich hatte Angst. Einfach nur Angst. Ich war verunsichert. Ich fühlte mich der Situation ausgeliefert."

„Lass dich auf dieses Gefühl ein. Es darf jetzt sein."

Nach zwei Minuten der Stille flossen die ersten Tränen.

„Ja, alles darf jetzt sein. Du darfst fühlen."

„Es tut so weh."

„Auch das ist okay."

„Die Kleine braucht Zuwendung. Sie verkümmert, während die Eltern streiten!"

„Dann schreite jetzt als Erwachsener ein. Gib der Kleinen, was sie braucht. Nimm sie in den Arm. Sie ist bei dir geschützt. Sag ihr, was du sagen möchtest. Sprich mit ihr."

„Es tut mir leid, dass du dich so lange allein gefühlt hast. Ich bin nun für dich da. Komm in meine Arme. Du bekommst alle Liebe, die du brauchst, um dich geborgen zu fühlen."

Auch die Tage danach flossen noch einige Tränen, die sich langsam, aber sicher in kleine Glücksperlchen verwandelten. Sie sprach mit ihrem Mann offen über das, was sie bewegt. Das legte eine neue Grundlage für die Beziehung, in der das Feuer wieder neu entflammte.

Vom Nichtstun

„Im Moment geht es mir überhaupt nicht gut. Mein Therapeut hat mir geraten, ich soll einfach mal nichts tun!“

„Oh ja – das ist eine gute Idee, damit du zu dir findest.“

„Wenn dir jemand rät, nichts zu tun, was tust du dann?“

„Naja – nichts halt.“

„Und was ist bei dir nichts?“

„Ich sitze dann sehr gerne auf meiner Bank im Garten, lausche der Natur und beobachte meinen Atem.“

„Also tust du auch etwas, wenn du nichts tust?“

„Nun, also für mich ist das nichts.“

„Wenn nichts gar nicht nichts ist, wie soll ich dann wissen, was ich tun soll?“

„Dein Therapeut hat mit Nichtstun wahrscheinlich gemeint: Du sollst das tun, womit du zur inneren Ruhe findest. Was dich erfüllt. Womit du dich gut fühlst.“

„Ach so. Also ich kann mich prima austoben, wenn ich tanze. Danach bin ich total erfüllt und ausgeglichen.“

„Ja, tanZEN ist auch eine schöne Form von Nichtstun!“

Trennen – aber wie?

„Jörg ist der Meinung, dass es erlaubt ist, in einer offenen Beziehung mit anderen Menschen intim zu werden. Jetzt ist es passiert. Er hat mit einer anderen Frau geschlafen. Und ich merke, dass ich das für mich nicht akzeptieren kann. Für mich ist das Vertrauen flöten gegangen. Jörg kann das aber nicht verstehen. Wir sind da total unterschiedlicher Meinung. Mich macht das fertig und ich weiß nicht, was ich tun soll. Aber ich entferne mich immer weiter von ihm."

„Robert Betz sagte mal: Sich zu verbiegen, um es anderen recht zu machen, hat mit Liebe nichts zu tun. Die Liebe zu leben heißt nicht, lieb, nett und anständig zu sein, es anderen möglichst recht zu machen und nicht anzuecken. Liebe bedeutet, konsequent der Stimme seines Herzens zu folgen, dessen Wahrheit zu leben und ‚Nein' zu sagen zu Erwartungen oder Forderungen anderer, sich doch bitte schön anzupassen und sein Herz zu verraten. Die Liebe sagt: ‚Ich gehe den Weg meines Herzens. Und du darfst darüber denken und reden, was du willst. Das ist deine Angelegenheit. Und meine Angelegenheit ist es, wie ich auf deine Forderung, deine Verurteilung, deine Enttäuschung reagiere.' Die Liebe greift nicht an, verteidigt sich nicht und rechtfertigt sich nicht. Sie hält den Kurs des Herzens und lässt jedem anderen seinen Weg. Wenn der andere das nicht akzeptiert, rät die Liebe zur Trennung ohne Groll, Wut oder Hass, sondern im Respekt für die Wahl des anderen."

„Das klingt einleuchtend!"

„Ist es in meinen Augen auch. Letzten Endes ist es nicht wichtig, OB du dich trennst, sondern WIE. Welches Gefühl bleibt? Gehst du in Frieden und lässt in Liebe los? Dann ist alles okay. Oder gehst du als Opfer und suchst für deine Gefühle Schuldige im Außen? Dann sei gewiss: Es werden dir immer wieder Täter begegnen, die das Gleiche wieder und wieder tun. Bis du dahinter schaust, was es mit dir zu tun hat.

Wenn du dich betrogen fühlst, könntest du dir zum Beispiel die Frage stellen: In welchem Bereich meines Lebens bin ich unehrlich zu mir? Wo lebe ich meine Wahrheit nicht? Wo verleugne ich mich? Im Außen bekommst du dein Inneres gespiegelt. So oder so. Du kannst nicht vor dir selbst davonlaufen."

Kämpfst du noch oder liebst du schon?

„Mir geht es gar nicht gut. Peter sagt, ich sei schuld, dass es ihm so dreckig geht."

„Solange du glaubst, dass es Täter und Opfer gibt, wirst du eine der beiden Rollen immer wieder einnehmen. Du führst Kriege, innen wie außen. Mal verlierst du eine Schlacht, mal gewinnst du. Aber Fakt ist: Du kämpfst! Wenn dir jedoch die Illusion des Opfer-Täter-Dramas bewusst wird und du Selbstverantwortung für dein Leben übernimmst, wirst du klar erkennen können, dass dies nur ein Spiel ist, welches ein Ziel hat: das Leid erhalten!"

„Und wie komm ich aus der Situation raus?"

„Stell dir eine Bühne vor, auf der dein eigenes Lebensstück gespielt wird. Stell dir folgende Fragen:

- Wo bist du?
- Welche Rolle spielst du?
- Was ist nötig, damit du aus dieser Rolle aussteigen kannst?
- Wie solltest du in Handlung gehen?

Die schlimmsten Krisen sind meist die größten Chancen. Du hast die Möglichkeit, zu verstehen, zu erkennen und daraus zu wachsen, indem du deine innere Ausrichtung veränderst."

„Und woran merke ich, dass ich meine Ausrichtung verändert habe?"

„Wenn du dich emotional nicht mehr in die Filme der anderen reinziehen lässt, hast du Selbstverantwortung übernommen. Und dann passiert erstaunlicherweise eins: An den Stellen, wo sonst Verurteilung, Wut, Ärger oder Hass in dir aufstiegen, kommt nun Mitgefühl. Du weißt für dich, dass jeder sein eigenes Drehbuch schreibt. Du schreibst deins und die anderen schreiben ihres. Und genau in dem Moment bist du innerlich frei. Weil deine Gefühle nicht mehr von anderen abhängig sind. Du hast deinen inneren Kampf beendet und die schmerzhaften Gefühle durchlebt. Deine Antennen stehen auf Frieden. Und je öfter dir das bewusst wird, desto weniger Krieger werden dir im Außen begegnen."

„Das wäre echt schön."

„Das wäre nicht schön – es ist schön. Ich weiß es bereits."

Die Sache mit dem Leid

„Aber ich will ja gar nicht leiden!"

„Bist du dir sicher? Viele Menschen leiden und leiden und leiden. Ich weiß, wie das ist. In meiner Jugend habe ich mir ein großartiges Muster erschaffen: Aufmerksamkeit durch Leid. Deshalb hab ich das auch lange Zeit nicht ablegen wollen. Die, die mir immer Aufmerksamkeit schenkte, war meine Cousine. Sie stand stundenlang vor meiner abgeschlossenen Badezimmertür, wenn es mir schlecht ging und redete auf mich ein, bis ich aufmachte. Dann ging, das wieder zwei Tage gut und das nächste Leid stand vor der Tür. Ich sag nur: Gefühlssuppe!

Mein Gewicht war auch so ein Aufmerksamkeitsthema. Hatte ich wirklich geschickt eingefädelt. So konnten immer alle an mir rummeckern. Hauptsache, Aufmerksamkeit, egal welcher Art. Um jeden Preis beachtet werden. Ja, das war klasse. Ich log, dass sich die Balken bogen. So war ich wenigstens sicher, irgendwann wieder Opfer dieser tollen Frage sein zu können: ‚Hast du wieder zugenommen?' Ein toller Trick, mein Leid zu erhalten.

Ich war der wichtigste Mensch überhaupt.
Mit meinen Emotionen, die immer Karussell fuhren.

Wenn ich heute daran denke, wie viele Jahre andere Menschen meinen Mülleimer gespielt haben, so kann ich das fast nicht glauben. Aber es war halt so. Es gehörte zu meinem Weg. Und ich handelte aus Unwissenheit. Genauso wie meine Mitmenschen, indem sie voll auf mein Leidens-Aufmerksamkeits-Muster einstiegen.

Als ich im NLP-Kurs war, bekam ich eine Ahnung davon, was es bedeutet, keine Aufmerksamkeit mehr diesbezüglich zu bekommen. Ein gutes Beispiel – ich vergesse es nie: Ich erzählte anderen Teilnehmern, dass ich abends eine ganze Tafel Schokolade gegessen hätte, obwohl ich mir vorgenommen habe, keine zu essen. Und alle sind natürlich drauf eingegangen. Sie hatten die tollsten Tipps parat. Als ich dann der Trainerin davon erzählte, fragte sie mich nur: ‚Welche Sorte war es? Hat sie geschmeckt?'

Ha! Die Fragen hatten gesessen! Sie machte mein Thema Gewicht nie zu einem Thema. Ein Glück! Erst da begriff auch ich, was es bedeutet, wie sehr man jemand anderem hilft, wenn man NICHT in dessen Muster einsteigt.

Wenn mir also heute jemand, der gerade im Leid hängt, sagt, dass er ja eigentlich gar nicht leiden will, dann muss ich innerlich grinsen. Denn zu 90 % wollen die Menschen leiden und da setzen sie all ihre Energie rein. Natürlich gibt das niemand zu. Oh nein, ich hab das auch nicht zugegeben. Es war mir ja nicht einmal bewusst. Eigentlich wollte ich ja auch nichts verändern. Also ich wollte schon. Aber die Aufmerksamkeit – die brauchte ich ja noch. Also wollte ich irgendwie doch nicht. Ach herrlich – diese ganzen Tricks. Ich hätte glatt Zauberer werden können.

Wer wirklich will, der schafft alles! Willst du also wirklich aus dem Leid aussteigen? Wirklich wirklich? Oder welche Muster laufen, teilweise auch unbewusst ab, die dein Leid erhalten?"

Runter mit den Masken auf Facebook

„Du hast inzwischen recht viele Fans auf Facebook. Wie hast du das geschafft?“

„Als ich auf Facebook anfing, hatte ich eine Coachingseite. Außerdem hatte ich eine Fotografieseite, dann habe ich angefangen, Bücher zu schreiben, und irgendwann hab ich alles zusammengeführt. Weil ich keine Lust mehr hatte, hin und her zu springen. Heute weiß ich: Ich wollte es den Lesern recht machen. Indem ich NUR fotografierte oder NUR schrieb oder NUR ... bla bla bla. Ich konnte mir nicht vorstellen, dass man mich als Gesamtpaket ertragen kann.

Ja, genau – mein größter Antreiber war, anderen zu gefallen. Und so habe ich versucht, gut anzukommen. Ich habe mich gefragt, was andere gerne lesen. Was die Leute wohl interessiert, die auf meiner Seite sind. Am liebsten hätte ich die Fans mit Fesseln an meine Seite gebunden.

Ich habe oft verurteilt, was ich geschrieben habe, habe Sachen gelöscht, die keine Likes bekamen, und stellte mich in Frage. Weißt du, wie anstrengend so etwas ist? Und dann kam irgendwann der Tag, an dem ich die Antwort auf all meine Fragen bekam. Ich hörte das Lied von Udo Lindenberg im Radio: MACH DEIN DING!

Die Leute lieben dich nicht für das, was du sein willst, sondern für das, was du bist. Also frag nicht lange. Sei einfach du selbst. Egal wie verkorkst, egal mit welchen Macken, sei einfach du.

Die Kluft zwischen dem, der ich sein will und dem, der ich bin, ist daher sehr klein geworden. Und wenn mich irgendwer nicht so mag, wie ich bin, dann ist das okay. Jeder, der kommt, ist willkommen und jeder, der geht, darf gehen.

Das mag jetzt oberflächlich klingen, und wer weiß, vielleicht ist es das auch manchmal. Aber ich kuschle einfach lieber mit denen, die auch gerne mit mir kuscheln. So einfach ist das."

Was sollen die Leute nur denken!

„Erwin nervt mich so sehr, ich könnt an die Decke gehen, wenn er nicht mit mir spricht!"

„Was war denn los?"

„Ach, eigentlich nichts Weltbewegendes. Aber er hätte ja mal was sagen können, als ich ihn drauf hinwies, dass seine grüne Krawatte nicht zum blauen Hemd passt. Es scheint ihm jetzt ganz egal zu sein, und er zieht es trotzdem an. Welch Blamage in der Öffentlichkeit!"

„So wie ich das mitbekomme, ist es nicht das erste Mal, dass du ihn kritisierst. Und ich kann nur aus meiner Erfahrung sprechen, aber die Menschen, die schweigen, sind in meinen Augen an dem Punkt angekommen, wo sie verstanden haben, dass das Reden vergebens ist. Du kannst es niemals allen recht machen, und jeder versteht sowieso nur, was er verstehen will. Was wäre denn rausgekommen, wenn er darauf reagiert hätte?"

„Na, wahrscheinlich Streit, wie so oft in letzter Zeit!"

„Eben. Er ist mit sich im Reinen, er möchte das so tragen und tut es jetzt. Du bist im inneren Krieg und möchtest ihn am liebsten mit reinziehen. Aber wer mit sich im Frieden ist, den kannst du nicht in den Krieg ziehen. Es ist dein Thema und nicht seins, denn dich regt es mehr auf als ihn."

„Ja, aber was sollen die Leute denn denken!"

„Was könnten sie denn denken?"

„Was weiß ich. Dass Erwin eine Blau-Grün-Schwäche hat. Dass er keinen Geschmack hat. Dass er eine Frau hat, die ihn nicht vor so etwas bewahrt."

„Aha, ist ja interessant. Was glaubst du, wovor du ihn bewahren könntest?"

„Na, dass er sich blamiert."

„Ihm ist es egal. Es geht um dich. Erwin zeigt dir mit seinem Verhalten, worauf du schauen darfst."

„Es ärgert mich aber!"

„Ja, eben drum. Was genau ärgert dich denn?"

„Dass die Leute dann schlecht über mich denken."

„Ist dieser Gedanke denn wirklich wahr?"

„Ja, ich denke schon!"

„Bist du dir hundert Prozent sicher, dass sie dann schlecht über dich denken?"

„Nein, das bin ich natürlich nicht."

„Okay. Gesetzt den Fall, du glaubst diesem Gedanken, wie fühlst du dich dann?"

„Mir geht es schlecht. Ich fühle mich wertlos. Als wenn ich ein Taugenichts wäre“, sagte sie mit Tränen in den Augen.

„Und wer wärst du ohne diesen Gedanken?“

„Dann wäre ich viel mehr bei mir. Dann wäre ich mir meiner sicher. Dann wäre es mir letzten Endes auch egal. Ja, mir ginge es dann gut!“

„Merkst du also, was passiert? Du kreierst dir einen Gedanken, bei dem du dir noch nicht einmal sicher bist, ob er stimmt, und leidest darunter. Und genau darum geht es. Die unwahren Gedanken, die wir uns kreieren, zu enttarnen. Du kannst davon ausgehen, dass du einen unwahren Gedanken glaubst, wenn du leidest. Dennoch haben die Gefühle dahinter eine Botschaft. Sonst wärst du damit nicht in Resonanz gegangen. Deshalb ist es wichtig, das Geschenk darin zu finden.“

„Und was könnte das sein?“

„Dein Ursprungsgedanke, der dich so ärgert, ist, dass die Leute schlecht über dich denken könnten. Die Umkehrfrage wäre also: Wie denkst du über dich?“

„Ja, damit hast du wohl den Nagel auf den Kopf getroffen. Ich hadere ständig mit mir und zweifle, ob ich alles richtig mache. Ich denke immer, ich würde nichts gut genug machen. Im Grunde genommen bin ich auch nur neidisch auf Erwin, dass er macht, was er will. Ich hingegen schaue immer, wie ich bei anderen ankomme. Und dabei verbiege ich mich viel mehr als er“, womit sich wieder die Tränenschleusen öffneten.

„Ja, weine ruhig. Das ist das Geschenk, welches dir Erwin reicht. Jetzt darfst du es annehmen und auspacken. Er hat dir dein Innerstes gespiegelt. Sei ihm dankbar.“

Die Signallämpchen des Körpers

„Du kannst mich gar nicht verstehen, du hast nie eine Depression gehabt!"

„Das stimmt, was die Depression selbst anbelangt. Und was glaubst du, wie sich mein Tinnitus verabschiedet hat, den ich über Jahre hatte?"

„Weiß ich nicht, hast du nie erzählt."

„Ich habe nach der Ursache geforscht. Der Tinnitus war Botschafter meiner Seele. Ich wollte nicht hören. Meine innere Stimme – ich habe sie verdrängt. Weil ich nicht zu mir stand. Mein Tinnitus hat mir gesagt: Lerne wieder, auf dich selbst zu hören. Und das tat ich. Durch viele Meditationen, Traumreisen und Selbstfindungsseminare. Ich glaube, dass alle Krankheiten eine Botschaft haben. Nehmen wir als Beispiel mal ein Auto. Wonach schaust du denn, wenn dort ein Warnlämpchen blinkt?"

„Ich lese in der Bedienungsanleitung und suche das Symbol für das Lämpchen, um herauszufinden, was es mir signalisiert!"

„Siehst du, unser Körper ist wie ein Auto. Die Krankheit ist das Signallämpchen. Es warnt, dass in unserem System etwas nicht stimmt. Jetzt gilt es, die Ursache herauszufinden."

Auf einer Dating-Plattform

„Ich möchte endlich ankommen!“, schrieb er ihr hoffnungsvoll, nachdem sie gefragt hatte, was er sich fürs Leben noch wünscht.

„Was heißt für dich ankommen?“

„Endlich nicht mehr allein sein. Eine Frau an meiner Seite haben!“

„Glaubst du, dass du auch ohne eine Frau glücklich sein könntest?“

„Nein!“

„Dann wird deine Frau ja eine große Aufgabe haben.“

„Wie meinst du das?“

„Nun, sie soll dich glücklich machen. Und womöglich nur deshalb, weil du es allein nicht schaffst. Das hat in meinen Augen nichts mit Liebe zu tun. Das ist Abhängigkeit!“

„So hab ich das noch nie gesehen.“

„Also ich möchte diese Frau nicht sein. Wenn das Leben einem Eisbecher gleicht, möchte ich nicht das komplette Eis sein, sondern die Sahne auf dem Eisbecher, mit der das Eis noch besser schmeckt, obwohl es vorher schon megalecker war.“

Zeigst du dich, wie du bist?

„Ich finde es ganz schön mutig von dir, dich mit deinen Gefühlen so offen zu zeigen. Das würde ich auch gerne können."

„Mich machen deine Worte nachdenklich. Heute ist es offenbar normaler, sich nicht zu zeigen. Zumindest nicht so, wie man ist. Sondern irgendeine Fassade aufrecht zu halten, hinter der man sich verstecken möchte. Um jemand sein zu wollen, der man nicht ist, in der Hoffnung, damit glücklich zu werden. Oft natürlich unbewusst.

Bei mir war lange Zeit das Kleinheitsgefühl vorherrschend. Ich dachte, nicht gut genug zu sein. Dass ich nur gut bin, wenn ich mich verändere. Also tat ich oft etwas, um geliebt zu werden. Aber ich war dabei nicht ich selbst. Sondern ein ICH, was ich mir aufbaute, um in diese Welt zu passen. Das glaubte ich zumindest.

Andere konnten mich zwar dann gut leiden, weil ich vielen gerecht wurde, aber von mir selbst entfernte ich mich immer weiter. Ich war glücklich, wenn andere mich liebten. Aber wenn ich allein war, fiel meine Gefühlswelt wie ein Kartenhaus in sich zusammen. Ich erschuf mir eine Welt, in der ich von anderen abhängig war.

Und ich muss zugeben: Ich wollte diese Angst vor Ablehnung gar nicht sterben lassen. Weil ich dachte, dass ich dann allein dastehen würde. Ich hatte Angst vor Selbstverantwortung. Diese Angst war eine Illusion, die mich aus heutiger Sicht nur davon abgehalten hat, in ein freudvolles Leben zu gehen.

Es ist wirklich paradox, dass wir manchmal am Leid festhalten, obwohl wir genau wissen, dass uns ein anderes Handeln weitaus besser tun würde.

Und je mehr ich mich dagegen wehrte, Selbstverantwortung zu übernehmen, desto schlimmer wurde es. Viele Abhängigkeiten waren mir gar nicht bewusst. Das Einzige, was ich deutlich spürte: Mir geht es immer schlechter. Und irgendwann war ich an einem Punkt, wo ich wusste: Es ist der einzige Weg, der wieder zu mir führt. Meine innere Stimme wusste ganz genau: Durch diese Angst musst du nun durch. Nimm all deinen Mut zusammen und gehe! Schritt für Schritt, aber gehe!

Es folgten Entscheidungen und Handlungen. Sowohl beruflich als auch privat. Tiefe Prozesse und viele Tränen. Aber ich bin durch dieses Tal gegangen, ohne zu wissen, was kommt. Das ist im Grunde genommen immer so, aber wir möchten es wissen und fangen dann an, das Leben kontrollieren zu wollen.

Was mir persönlich in den Tälern hilft: Nichts beschönigen und mir die Erlaubnis geben, dass alles sein darf. Lieber weine ich ohne Maske, als dass ich mit Maske lache. Innere Gelassenheit entsteht, wenn ich nichts ablehne, sondern alles annehme. Ich weiß inzwischen, dass schwierige Situationen, wie sie im Leben an uns herangetragen werden, auch sein sollen.

Und dann passiert Folgendes: Es ist dann nicht mehr wichtig, ob andere mich mögen. Das wird sogar völlig unwichtig. Viel wichtiger ist, dass ich mich mag, mir in die Augen schaue und aufrichtig sagen kann: ‚Du bist gut so, wie du bist!‘ Dass ich mir selbst genüge. Dass ich zu mir stehe und nicht bei jedem Gegenwind einknicke.

Wenn du zu dir stehst, auch zu deinen Schwächen und annimmst, was du lieber weghaben willst, lieben dich die Menschen. Aber nicht, weil du für diese Liebe alles Mögliche tust, sondern sie lieben dich für das, was du bist. Wenn du dich mit allem zeigst, was da ist, wirst du zu einem Menschenmagnet. Du schöpfst dann aus der Quelle deines Herzens. Weil du dir erlaubst, der zu sein, der du wirklich bist. Authentisch.

Viele Menschen meinen, sie müssten perfekt sein, um in diese Welt zu passen. Dem ist aber nicht so. Wir passen in diese Welt genau so, wie wir sind. Und wenn wir etwas an uns ablehnen, dann liegt genau darin die Chance für unsere Entfaltung.“

Jeder hat seine eigene Wahrheit

„Schatz, machen wir uns heute einen schönen Abend?“, fragte er seine Freundin am Telefon.

„Oh ja, das wäre toll. Wollen wir zu Hause bleiben oder lieber ausgehen?“

„Ach, ich würde gerne daheim bleiben.“

„Da freue ich mich aber schon. Kommst du zu mir?“

„Ja, gerne. Ich bin um acht Uhr bei dir!“

Sie kommt von der Arbeit heim, räumt noch ihre Wohnung auf, zündet ein paar Kerzen an und freut sich schon auf ihren Freund. Als es dann an der Tür klingelt, steht er da in Jogginghose und mit nem Sixpack Bier.

„Ich dachte, wir wollten uns einen schönen Abend machen?!“, begrüßt sie ihn angesäuert.

„Ja, machen wir doch auch!“

Vom Glücklichsein

„Ich hab das Gefühl, ich dreh mich im Kreis. Ich habe Themen, die ich scheinbar nie auflösen kann!"

„Das kenne ich sehr gut. Als ich vor 15 Jahren in einer psychosomatischen Klinik war, führte ich Tagebuch. Das habe ich vor Kurzem noch mal gelesen. Weißt du was? Ich habe herzhaft gelacht! Worüber? Nun ... meine Themen damals waren dieselben wie heute auch!

Es gibt nur einen großen Unterschied: Heute sind sie für mich nicht mehr schlimm. Ich möchte nicht mehr weghaben, was zu mir gehört. Es gibt Dinge, die mich ausmachen. Und solange ich sie weghaben möchte, entferne ich mich immer weiter von mir. Es geht also nicht ums Verändern, sondern ums Annehmen dessen, was da ist. Und genau DAS macht das ganze Leben viel entspannter.

Wenn dir also jemand sagt ‚Sei einfach du selbst', dann meint er nicht, dass du perfekt sein musst. Er meint, dass du deine Unvollkommenheit im Augenblick akzeptieren sollst. Denn dann bist du der, der du gerade bist."

Therapeuten manipulieren doch nur

„Ich gehe zu keinem Therapeuten oder Coach, weil die einen ja nur manipulieren!"

„Was glaubst du, was du den ganzen Tag über machst? Du manipulierst dich und andere am laufenden Band. Wenn du zum Beispiel denkst: ‚Das schaff ich nicht', manipulierst du dich mit diesem Gedanken. Wahrscheinlich viel mehr, als dir bewusst ist. Und zwar so, dass es dir schadet.

Coaches und Therapeuten haben allesamt ein Ziel: Unbewusste Manipulationen, die tagein, tagaus ablaufen, bewusst machen. Denn nur, wer sich bewusst darüber wird, wie er sich selbst und somit auch andere manipuliert, kann seine Gedanken und sein Tun zu seinem Wohle und zum Wohle aller einsetzen."

Das Geschenk meiner Ex-Frau

„Darf ich dich mal etwas Persönliches fragen? Bist du eigentlich verheiratet?“

„Ja, du darfst. Meine wundervolle Ex-Frau hat mich vor etwa drei Jahren wach geküsst. Ihr verdanke ich mein neues, waches Leben.“

„Wow, das hast du aber schön ausgedrückt!“

„Ich bin selbst ein Scheidungskind und hätte nie gedacht, dass es einen anderen Weg gibt als den, den meine Eltern gehen und vorleben.

Meine Ex-Frau hat mir das schönste Geschenk im Leben gemacht: Endlich lebe ich! Vorher habe ich nur existiert und war mir dessen nicht mal bewusst. Ich befand mich im tiefsten Tiefschlaf. Umso wacher fühle ich mich jetzt. Deshalb bin ich dankbar für die Scheidung und alles, was sie in meinem Leben zum Vorschein gebracht hat.“

„Wer das Geschenk seines Ex-Partners ausgepackt hat, ist wirklich sich selbst begegnet. Konntest du die Trennung von deiner Ex-Frau direkt als Geschenk betrachten?“

„Nein. Zuerst war ich am Boden zerstört. Ich habe einen Therapeuten gesucht und zum Glück sofort gefunden. Und dadurch wurde mir vieles bewusst. Ich erkannte irgendwann, dass ich ohne meine Ex-Frau diesen Weg gar nicht gegangen wäre. Ich brauchte also diese Krise, um zu erwachen.“

„Hattest du Angst, als du dich für die Therapie angemeldet hast?“

„Ein wenig Angst hatte ich sicherlich, aber die Bereitschaft für ein glückliches Leben war größer. In der schlimmsten Zeit meines Lebens entwickelte ich eine innere Kraft, von der ich nie wusste, dass sie da war. Ich schien irgendwie bereit zu sein, was zuvor nicht der Fall war. Früher belog ich mich selbst, indem ich mir mein Leben schönredete. Als meine Ex-Frau mich verließ, ent-täuschte sie mich. Mein Kartenhaus fiel zusammen. Es gab kein Zurück mehr. Von da an wollte ich mich nicht weiter belügen. Ich hatte die Botschaft endlich verstanden.“

„Welche Botschaft hast du verstanden? Welches Geschenk hatte deine Ex-Frau für dich?“

„Dass es ein anderes, lebendiges, selbstbestimmtes Leben gibt. In meinem alten Leben ließ ich mich unbewusst fremdbestimmen. Ich habe die Liebe in mir entdeckt. Meine Ex-Frau hat mir den Weg in ein glückliches Leben geebnet, als sie sich von mir trennte. Dadurch hatte ich die Chance, mir meine dunklen Seiten anzuschauen. Ich konnte mein Herz dadurch befreien.“

Wichtigkeit von Zeugnissen

„Kerstin, ich finde es ganz schön mutig, dass du dein Zeugnis aus der Schule im ersten Buch abgebildet hast! Ich hätte auch noch das Zertifikat als Coach daneben abgedruckt."

„Mir war die Botschaft wichtig, dass Zeugnisse völlig unwichtig sind. Nur weil jemand in der Schule schlechte Noten hat, heißt es nicht, dass er/sie zu doof ist, etwas zu lernen. Ich muss keinem mehr etwas beweisen. Die Schule des Lebens hat mich zu dem gemacht, was ich heute bin. Und es fragt niemand mehr danach, ob ich meinen Realschulabschluss geschafft habe oder nicht. Wenn sich die Unternehmer immer mehr auf die Stärken und Fähigkeiten der Teenies konzentrieren würden, wäre die Welt um ein Vielfaches reicher. Vielleicht bin ich da anders gestrickt, aber ich glaube ganz fest daran, dass sich irgendwann, auch im beruflichen Kontext, mehr Menschenherzen begegnen. Dass die Liebe dem Erfolg die Hand reicht. Dass nicht mehr das eine über dem anderen steht. Dass beides in Einklang gelebt werden kann.

Wer meine Bücher liest, wird schnell rauslesen können, wie ‚meine Welt' tickt. Und ich möchte einfach nur ein kleines Stück dazu beitragen, dass genau das geschieht. Dass die Herzen wieder schlagen. Dass keiner mehr beweisen muss, dass er irgendwer ist. Dass sowohl die Eltern als auch die Kinder verstehen, dass Liebe nicht verdient werden kann. Dass sich jeder ganz fühlt und erkennt, wie besonders er ist. Ohne etwas leisten zu müssen ..."

Ich will nicht, dass jeder weiß, wer ich bin

„Bisher habe ich mich davor gescheut, mich auf Facebook anzumelden, weil ich nicht will, dass jeder alles über mich erfährt."

„Du entscheidest, was du über dich schreibst und was du anderen über dich preisgibst!"

„Kann ich mich dort auch unter einem Pseudonym anmelden?"

„Kannst du schon. Nur welchen Sinn macht das?"

„Dann könnte ich befreiter schreiben, ohne dass jeder weiß, wer ich bin."

„Also ich steh zu mir und dem, was ich schreibe. Und das, was ich schreibe, hat sicherlich keinen negativen Einfluss auf meine Jobsuche. Ganz im Gegenteil. Das, was ich schreibe, bereichert und macht niemanden ärmer."

„Hm. Ich überleg es mir noch mal."

„Darf ich dich mal etwas fragen?"

„Ja, klar."

„Welche Maske trägst du, wenn andere nicht wissen dürfen, wer du wirklich bist?"

Der Tränenkanal füllte sich …

Der Gedankenmann

„Ich schaff das nicht!“, kam ein Gedanke angeflogen.

„Boah, du blöder Gedankenmann, kannst du nicht endlich mal verschwinden? Ich hasse dich!“

„Meinst du mich?“

„Ja, du bist es doch, der mir ständig einredet, dass ich es nicht schaffe. Dass ich zu doof bin! Und wenn du da bist, fühle ich mich wie ein kleines Nichts, total wertlos.“

„Bist du sicher, dass du mich hasst? Oder kann es nicht auch sein, dass du dich selbst dafür hasst, weil du mich zu einem Gedankenmann machst?“

„Wie meinst du das?“

„Nun, es scheint da eine Stimme zu geben, die in deinem Leben mal sehr viel Kraft hatte. Und diese äußere Stimme sagte dir oft, vielleicht auch in abgewandelter Form: ‚Du schaffst das nicht!‘ Nun glaubst du dieser Stimme sofort, wenn sie mal wieder in Form von einem Gedanken vorbei huscht. Und dann machst du viel mehr aus mir, als ich eigentlich bin. In Wirklichkeit bin ich nämlich nur eine Wolke.“

„Eine Wolke?“

„Ja, wir Gedanken sind nur Wolken. Wir ziehen vorbei. Wir kommen und wir gehen wieder. Manche Menschen schauen uns einfach dabei zu und wissen, dass wir nur vorbeiziehen und geben uns keine Macht. Andere Menschen wiederum kreieren sich irgendeine Illusion und merken nicht, wie sie in ihrer eigenen Täuschung gefangen sind.

Manchmal sind wir Gedanken einfach nur da, damit die Menschen rausfinden können, ob sie wirklich die Verantwortung für sich übernommen haben. Denn genau das merken sie dann. Nur in der Selbstverantwortung kannst du so handeln, wie du es gerne willst. Es ist dir dann egal, was andere Menschen sagen oder früher gesagt haben. Du gehst deiner inneren Stimme nach und vertraust.

Du hast Gedanken, aber du bist nicht deine Gedanken. Wir sind immer da, du kannst uns nicht vernichten. Du kannst uns nur durch andere ersetzen. Damit richtest du dein Leben neu aus. Du wirst merken, wenn du die Gedanken, die dir nicht gut tun, einfach ziehen lässt und dich für neue entscheidest, werden sich auch deine Gefühle verändern. Das Einzige, was du dazu brauchst, ist dein Wille. Wenn du wirklich willst, dass es dir besser geht, dann schaffst du es auch. Es ist eine bewusste Entscheidung, die nötig ist, um aus dem Leid auszusteigen. Nur so gelingt es dir, wieder die Macht über dich zu erlangen."

„Ja, du hast recht. Wenn ich glaube, dass meine Gedanken wahr sind und ich mich mit ihnen identifiziere, beherrschen sie mich. Mit allen Gefühlen, die dazu gehören. Und das sind dann oft Sachen aus der Kindheit, die eigentlich heute keinen Bestand mehr haben. Und du glaubst wirklich, dass nur die Entscheidung etwas verändert?"

„Probiere es doch aus. Meine Erfahrung zeigt, dass die bewusste Entscheidung alles verändert. Denn damit richtest du deine Aufmerksamkeit neu aus. Und Energie folgt der Aufmerksamkeit."

Über Menschen, die sich ärgern

„Ach Mensch, ich ärgere mich!"

„Wen ärgerst du?"

„Na, ich ärgere MICH!"

„Ich wollt nur sicher gehen,
dass dir das bewusst ist!"

Manchmal ist das Leben nicht so leicht

„Obwohl mein Herz hüpft, während ich singe, und ich wirklich gerne die Gesangsschule besuche, weiß ich nicht, ob es jemals zum Leben reichen wird. Manchmal bin ich kurz davor, aufzugeben."

„Wenn dein Herz für etwas brennt, dann bleib auf deinem Pfad. Du darfst gerne Pausen machen oder die Schuhe wechseln, aber bleib deinem Weg treu. Auch wenn es manchmal noch so verrückt klingt, was du vorhast. Glaube an dich und richte dich aus. Fokussiere dich darauf, egal, was andere sagen.

Manchmal dauert es eine Zeit, bis sich das Außen nach deinem Inneren richtet. Manchmal brauchen wir Durchhaltevermögen, um nicht aufzugeben. Manchmal erleben wir Durststrecken und zweifeln, ob unsere Schritte richtig sind. Auf dem Herzensweg kann alles passieren. Wichtig ist, dass du trotzdem weitergehst.

Denn es wird der Tag kommen, an dem sich alles wandelt. Die Fülle des Lebens klopft an die Tür. Du erntest, was du über lange Zeit gesät hast. Du hast mit offenen Armen gegeben und darfst nun mit offenen Armen empfangen.

Es ist für dich ein großes Geschenk, weil du nichts mehr erwartest. Du hattest und hast nur ein Ziel: Deinem eigenen Herzen zu folgen. Deine innere Stimme wieder zu hören. Du hattest den Glauben daran, dass dein Herz dir den Weg zeigt, und du hattest den Willen, ihn zu gehen. In aller Konsequenz. Mit Höhen und Tiefen.

Es gibt etwas zwischen Himmel und Erde, für das keine Worte existieren. Es gibt eine Macht, die dir beisteht, wenn du deinem Herzen folgst. Nicht das Leben meint es gut mit dir – du selbst bist es, der es jetzt gut mit dir meint. Du bist der Schöpfer deines Lebens.

Du darfst nun annehmen, auch wenn es sich für dich neu anfühlt. Es ist dein Leben. Du spürst dich wieder und weißt genau: Es ist jetzt nicht mehr wichtig, was kommt. Es ist nur wichtig, was ist. Du genießt und freust dich am Leben.

Glaube daran – es wird so kommen!“

Persönliche Schlussworte

Als ich kürzlich ein Event plante, fragte ich die Sängerin, ob sie ein Lieblingslied hat, welches sie gerne singen möchte. Ihre Antwort war spontan: „Heal the world". Und so überlegte ich, welcher Text aus meinen Büchern dieses Lied ergänzen könnte. Wie wir die Welt heilen, war mir recht schnell klar, aber irgendwie passte nichts von dem, was ich bislang geschrieben hatte. Und so flossen morgens im Hotel folgende Zeilen aus meinen Fingern. Erst als ich fertig war, wusste ich: Das sind wunderbare Schlussworte für dein neues Buch.

„Ich bin" ist die höchste Form der Identifikation.
Ist dir das bewusst?

Manchmal höre ich Menschen, die sagen: „Ich bin depressiv", „Ich bin Borderliner", „Ich bin magersüchtig" oder „Ich bin wertlos". Ich könnte an dieser Stelle noch mehr Ich-bin-Gedanken aufführen, die uns in ein schlechtes Gefühl versetzen. Es sind die Gedanken, worüber wir uns identifizieren. Auch wenn sie uns mit Schmerz und Leid erfüllen.

Ich habe lange gesagt: „Ich bin zu dick". Zu dick, um vor anderen Menschen zu sprechen. Zu dick, um wandern zu gehen. Zu dick, um geliebt zu werden. Zu dick, um einen Mann zu finden. Ja, ich empfand mich einfach für alles Mögliche zu dick.

Was dadurch geschah?
Ich lehnte mich und meinen Körper ab.

Mit welchem Ergebnis?

Ich litt unter diesem Gedanken, weil ich mich für kleiner hielt, als ich wirklich bin. Genau. Ich litt unter diesem Gedanken – nicht unter der Situation! Und genau das war wichtig zu erkennen. Es waren meine Gedanken, die mich begrenzten. Mir wurde klar: Wenn du deinen Körper annimmst, wirst du weniger leiden, als wenn du dagegen angehst.

Wie ich heute denke?

Ich habe einen korpulenten Körper – ja. Und er ist okay so, wie er ist. Er ist ja eh so. Ich kann ihn also jetzt lieben, wie er ist, oder ich kann ihn hassen. Es wird meinen Körper in dem Moment nicht verändern.

Und doch verändert sich damit alles!

Wenn ich annehme, was ist, und keinen Film kreiere, indem ich gegen etwas gehe, werde ich frei. Es ist die innere Freiheit, die plötzlich zu wirken beginnt.

Fakt ist also:
Es ist, wie es ist, und ich entscheide,
was ich daraus mache.

Bevor ich das so für mich verinnerlichen konnte, hatte ich tausend „Ja, aber". Manchmal kommen sie auch heute noch um die Ecke. Aber ich nehme sie wahr und weiß: Es ist nicht die Wahrheit. Es sind Stimmen, die oft im Außen entstanden sind, die aber nicht wirklich zu meinem Herzen gehören. Und wenn ich sie enttarnt habe, kann ich sie umlenken. Ich glaube einfach nicht mehr alles, was ich denke und hinterfrage.

Was ich heute tue?

Ich gehe MIT meinem Körper und nicht mehr GEGEN ihn. Ich habe mich in meiner Unvollkommenheit angenommen. Und genau darum geht es, wenn ich glücklich sein möchte.

Je länger ich so denke, desto kurioser ist, was geschieht: Das Thema bekommt immer weniger Bedeutung. Und je weniger Bedeutung etwas bekommt, desto mehr darf es gehen. Es wird immer unwichtiger, weil ich erkenne, dass ich etwas ganz anderes bin.

Deshalb möchte ich dich nun einladen,
deine Ich-bin-Gedanken zu überprüfen.
Welche davon sind wirklich wahr?

Wenn wir sehen könnten, wer wir wirklich sind, würden wir wahrscheinlich erschrecken. Weil uns etwas entgegenkäme, was wir in dieser Reinheit nicht kennen. Innere Schätze zeigten sich und ein Licht, welches so stark leuchtet, dass es nicht nur uns, sondern auch die Menschen um uns herum durchfluten würde. Ein Meer voller Wärme, Geborgenheit und Liebe trüge uns, wenn wir uns auf das einließen, was wir wirklich sind.

Und genau damit heilen wir die Welt!

Dankesworte mal anders

Liebe Kerstin,

ich wollte dir schon länger schreiben, aber bisher war nicht der richtige Zeitpunkt. Doch jetzt glaube ich, ihn erwischt zu haben. Du durchläufst im Moment eine Phase, die dich durchschüttelt. Mal zweifelst du, mal freust du dich und deine Gefühle gleichen einer Achterbahn, dabei wäre das gar nicht nötig.

Wieso ich dir schreibe? Weil ich endlich mal Danke sagen möchte. Danke, dass du meinem Ruf gefolgt bist. Dass du trotz deiner Zweifel, die du im Leben hattest, nie aufgegeben hast, deinem Traum zu folgen.

Glaube mir, wenn ich dir sage: Dein Mut zu den Entscheidungen der letzten Jahre hat sich gelohnt. Und die letzte Entscheidung war besonders herausfordernd, weil du mir damit dein volles Vertrauen ausgesprochen hast. Deshalb ist es völlig okay, dass es dir gerade so geht, wie es dir geht, denn es ist alles andere als normal, wenn jemand in absoluter Konsequenz diesen Weg geht.

Schau mal auf dich, welcher Mensch du in dieser Zeit geworden bist. Wie sehr du gewachsen bist. Wie schön ich in dir strahle. So viele Jahre war ich verdeckt, hatte kaum Luft zum Atmen und jetzt darf ich fast täglich ans Tageslicht. Das ist so ein wundervolles Gefühl. Danke, dass du mich befreit hast.

Und glaube mir noch etwas: Du darfst vertrauen. Ich weiß, dass du Erfahrungen gesammelt hast, die andere

Stimmen in dir heraufholen. Stimmen, die dich klein halten wollen. Sie kommen immer mal wieder durch, auch wenn sie viel weniger geworden sind. Diese Stimmen sind nicht deine. Sie gehören der Vergangenheit an. Du darfst sie nun endgültig gehen lassen.

Jetzt ist wirklich der Zeitpunkt gekommen, wo du dich dem Fluss des Lebens hingeben darfst. Du fragst dich, woher ich das so genau weiß? Weil ich in dir lebe. Meine Kraft ist inzwischen so stark, dass ich stets leuchte. Auch in Momenten der Dunkelheit. Und dafür hast du gesorgt. Du hast mir diesen Freiraum geschaffen. Ich fühle mich wirklich verstanden und angenommen.

Es ist ein wunderbares Gefühl, wenn sich ein Herz so sehr entfalten darf, wie es bei mir der Fall ist. Ich weiß ja nicht, ob es dir aufgefallen ist, aber je stärker ich leuchten durfte, desto mehr Herzen um dich herum wurden auch hell.

Schau in den Spiegel und sieh, wer du wirklich bist. Du brauchst dich nicht mehr klein zu halten. Du bist wunderbar. Zeig dich in deiner Pracht. Voll und ganz. Der Weg zu mir ist frei und wenn ich in dir leuchte, kann dir nichts passieren. Glaube das bitte endlich!

Ich weiß, dass du lange Zeit das Gefühl hattest, mit deiner Sensibilität, deiner Sanftheit und Emotionalität nicht in diese Welt zu passen. Aber du merkst es selbst: Je mehr du deine Offenheit lebst, desto stärker spürst du, dass du genau deshalb besonders gut in diese Welt passt.

Es ist wirklich ein Geschenk für die Menschheit, dass du dich in den letzten Jahren so angestrengt hast, mich freizuschaufeln. Danke noch einmal dafür.

Es war nicht immer leicht. Und genau deshalb schätze ich deine Arbeit so. Es ist wunderbar, leuchten zu dürfen. Und nun lass mich bitte auch ...

In Liebe
Dein Herz

Bislang von Kerstin Werner veröffentlicht:

Berührende Kurzgeschichten:

- Gefühle zeigen erlaubt
- Vertrauen ist der Schlüssel
- Dein Herz darf leuchten

Herz- und augenöffnende Ratgeber:

- Freiheit, ich komme!
- Wach auf – Dein Leben wartet
- So ist das also! Die Herzenssprache verstehen

Kinderbücher:

- Die mutige Schneeflocke (ab 3 Jahre)

Über die Autorin

Kerstin Werner wurde 1973 in der wunderschönen Eifel geboren, wo sie auch heute lebt und arbeitet.

Durch zahlreiche Seminare zur Persönlichkeitsentwicklung und einer Ausbildung zum NLP-Coach konnte sie viele Erfahrungen sammeln, die in ihren Büchern Ausdruck finden.

Kreativität, Inspiration und Humor sind ihre größten Stärken. Sie liebt nicht nur das Schreiben, sondern ebenso das Fotografieren.

www.kerstin-werner.de

Über die Illustratorin

Ulrike Hirsch, Künstlerin mit Leib und Seele, fertigt mit Liebe und Hingabe Auftragsmalereien an, illustriert Bücher für Groß und Klein, ist Grafik-Designerin mit Herz und auch leidenschaftliche Musikerin.

Außerdem begleitet sie Menschen in ihren Workshops und Einzelarbeiten bei dem von ihr entwickelten heilsamen Intuitiven Malen.

www.ulrike-hirsch.de

Leserstimmen:

Kurz und präzise auf den Punkt gebracht. Mal was ganz anderes als die anderen Lebenshilfebücher. Ich konnte und kann sie nicht mehr aus der Hand legen, bin begeistert - sie helfen mir unterstützend zu meiner derzeitigen Therapie. Die kurzen Geschichten sind ergreifend und machen Mut.

- Birgit Hellmich -

In einer für mich schweren Zeit habe ich durch die Bücher von Kerstin Werner neue Wege gefunden. Ich kann sie jedem empfehlen. In vielen Geschichten habe ich mich erkannt und viele Tränen beim Lesen laufen lassen. Jetzt kann ich vieles aus einem anderen Blickwinkel sehen und fühlen. „Gefühle zeigen erlaubt“ sage ich mir nun täglich und lebe es. Die Bücher gehören zu meinen täglichen Begleitern. Vielen Dank liebe Kerstin für diese Bücher, die mein Leben und Tun verändern.

- Katrin Usdau -

Ich habe alle Bücher von Kerstin Werner gelesen und möchte ihre kleinen Lebensweisheiten, die sie auf ihre ganz eigene, so äußerst liebenswerte Schreibweise dem Leser näher zu bringen weiß, nie mehr missen.

- Ilona Scholl -

Kerstin Werners Bücher muss man einfach gelesen haben. Sie ist ein Mensch, der frei von der Leber weg schreibt. Ehrlich, herzlich und für jedermann verständlich. Sie nimmt kein Blatt vor den Mund, sondern schreibt genauso, wie es aus ihr heraus sprudelt. Das macht sie unheimlich sympathisch. Jeder, der ihre Bücher liest, verändert sein Leben positiv – automatisch. Für mich persönlich waren sie bereichernd, weil ich mich mit allem identifizieren und deshalb den Inhalt nachvollziehen konnte. Dadurch wurde ich wesentlich freier. Danke dafür.

- Erika Auberger -

Wissend, persönlich, anrührend, ermutigend, klar verständlich sind nur wenige Worte, die umschreiben was diese Bücher auszeichnet. Sie holen dich da ab, wo du gerade stehst und begleiten dich dann auf deinem weiteren Weg. Einfach so und werden beste Freunde. Kerstin ist mit ihren Büchern mitten im manchmal schwierigen Leben präsent und fungiert für mich oft als Wegweiser. Danke, ohne dich wäre vieles viel schwieriger.

- *Angela Hrdina* -

Die Würze liegt in der Kürze. Die Themen von Kerstin Werners Geschichten erfüllen mich immer wieder mit guten Gedanken. Sie zeigen mir, dass ich mit meinen Themen nicht alleine bin in der Welt. Sie führen mich raus aus meinen oft destruktiven Gedanken. Ich lese sie gerne, habe auch schon einige verschenkt. Absolute Empfehlung.

- *Pia Maria Schüffelgen* -

Kerstin Werner schreibt gut verständlich, und trifft mit jeder einzelnen ihrer Geschichten mitten ins Herz ihrer Leser! Sie begleitet uns liebevoll auf einem Weg, der uns mit uns selbst und unseren versteckten Gefühlen konfrontiert. Es darf gelacht, und geweint werden! Letztendlich darf alles in Liebe gehen, was uns so lang belastet und behindert hat! Ich kann nur von mir selbst berichten: Jede Geschichte ist ein Aha-Erlebnis!

- *Viola Rest* -

Kerstins Bücher sind nicht einfach nur Bücher. Sie sind ein Erlebnis. Da sie in einem einfachen und erfrischenden Stil geschrieben sind, fühlt sich der Leser direkt angesprochen und einbezogen. Geschichten aus dem Leben für das Leben.

- *Manuela Reiffers* -

48546575R00076

Made in the USA
Charleston, SC
05 November 2015